禪修指要

六門教授習定論講錄

釋繼程 著

〔原版序〕

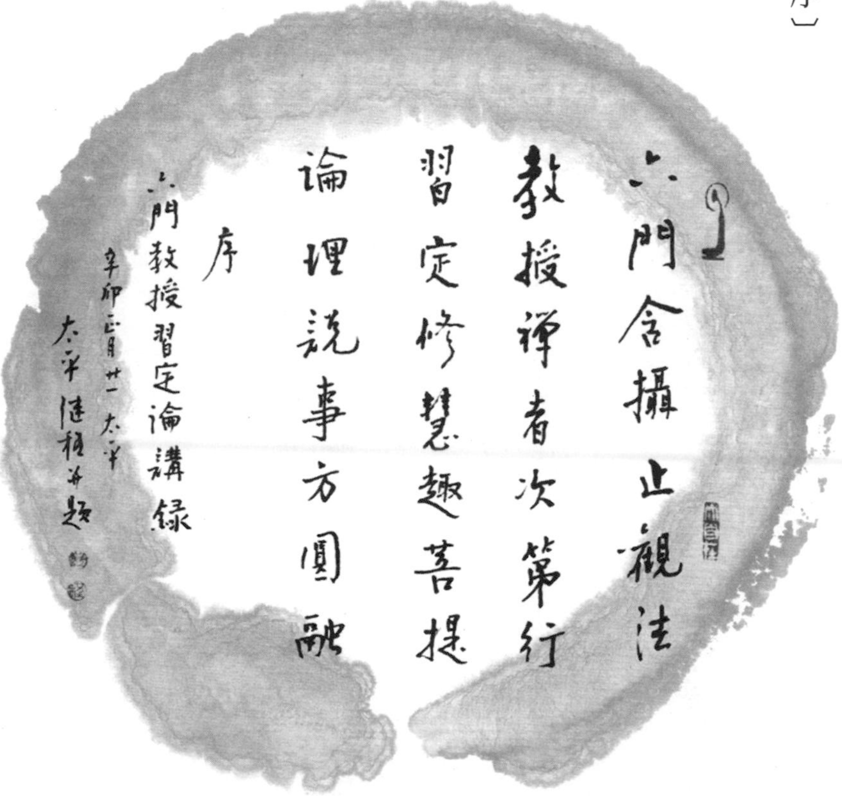
六門含攝止觀法
教授禪者次第行
習定修慧趣菩提
論理說事方圓融
序
六門教授習定論講錄
辛卯正月廿一 太平

〔新版序〕禪法教授指南

佛教的禪法，多彩、深邃。

自佛陀以來，教禪的禪師，風格各異、多變。因禪法豐富，禪師的空間無限；因禪師風格多變，禪法更為豐富。

禪悟時，覺悟的是法的本性，故禪悟一味，不一不異，不生不滅，不垢不淨，不增不減，無高下，無深淺。

但教禪時，禪眾的根機不一，禪眾的程度有高下深淺，禪眾現的相有垢淨增減。觀機逗教，應機施教，隨順眾生的程度而施設禪法的系統與次第，因應眾生的垢淨增減相而採用各種方便善巧。

佛陀如此，禪師如此。種種的教學，種種的系統與次第，種種的方便善巧，表現了佛陀的智慧與慈悲，表現了禪師的高明與善巧。

正因為如此，佛教禪法，如此豐富而多變。這也依佛法的無常無我、空的法則而運作，而其目的則一，即是證得法性，涅槃寂靜。

如此多彩各異的禪法，是事相上的現象，也是禪眾的需要。縱然如此，也不是雜亂無章而任意施設的。

從佛陀的教學，傳承下來，歷代禪師，代代相承，仍是一脈相承。其禪悟的體驗，其禪修法門的教學，有其理可覺，有其事可見，有傳承可依，有脈絡可尋。

禪法的教學，佛陀在經典中，處處說到。歷代的禪師們則在論典中，以及各別的論著中，也都寫出。

這些經論或禪典中，雖處處說禪法，但有的只是觀機隨緣施教，並無組成系統。有的則有系統和次第，也有理論和事修，有的更有各種方便和善巧。

這些禪法的教學，都是在指導禪眾如何用功、如何修行。教導的禪師，是從老師學會了禪法，也學會了禪法的教學，也許也加入了本身的體驗，以及善巧，乃至形成了自己教禪的風格。

這些教導禪法的禪師，在教禪時，是否也需要「如何教禪的指南」來幫助他，使他在教禪時，更明確地知道教禪的目標、教禪的次第、教禪的善巧，使他的禪法教學，更符合佛法完整的教學。

但在眾多教導禪法的經論及禪籍中，此種教授禪師如何教禪的論著，竟然未曾多見。也許大多數的禪師，皆從老師學禪，也同時學習教禪。如此代代相承的教學，已具備了教授禪法應具的條件了。

《六門教授習定論》似乎是此類著作中唯一的一種。這本唯識學派的論典，是為正在教禪法的禪師或老師寫的。其作用在於幫助老師建立正確而完整的禪修觀念，這包括在六門中的意樂門、依處門、本依門、正依門、修習門與得果門。涵蓋了禪修發心的因緣、禪修所積集的條件、禪修所修學的方便、禪修所圓滿的善緣、禪修所正修的歷程，以及禪修所證得的果報。

無著本其頌，世親釋其義，義淨譯其文。短短一卷中，內容如此豐富且高深，但都未見有禪師或法師再為此文做任何的註解或分析。千餘年來靜靜地藏在《大藏經》中，是待有緣人，或待時機因緣？

我初接觸此論因緣，乃一九九三年八月，法鼓佛教學院院長惠敏法師受邀來馬來西亞，為馬來西亞佛教青年總會高級佛學研修班授課時講解此論，而知有此論。後有學生贈送《呂澂佛學論著選集》，見其詳細釋文，知為至寶。本身教禪多年，竟不知有此「寶典」。因呂教授的釋文，把此論典的精華充分解釋說明，故覺得應將之介紹分享。恰好馬來西亞佛學院的學僧會舉辦「僧伽講習營」，我忝為學院副院長，也是學僧會顧問，受邀為講習營講課，於是決定講解《六門教授習定論》。

但講解時，非全依唯識學派之觀點，因本身對此學派之思想與哲學，不曾深入。而當時自己在教禪法時，多依中國禪法中的天台止觀及禪宗的話頭禪法，故講課時，多有涉及天台止觀法門的教學。

此論於一九九八年講述，多年後方才筆錄整理成書，出版時已時隔十三年。期間自己的禪法教學亦有調整，但講述此論時及講述過後，受此論的啟示甚多。雖未能全照此論之教授，卻已融入本身的禪法教學中，與大眾分享。

今法鼓文化出版此講錄，做了修訂，更為精簡，想對教授禪法者，以及禪修者皆有益處。出版之際，略述心得與因緣。是為序。

二〇一一年十二月二十四日

於山城般若之岩「第五屆話頭禪十」

導引

《六門教授習定論》這部論，與禪修有很密切的關係。目前在佛教界，禪修的風氣好像愈來愈盛，禪修的方法也愈來愈多樣化。從正面的角度來看，這是好的現象。因為眾生的根機不同，也就需要有不同的方法來引導。比如某個方法對你而言，你用得很好，可是對另外一些人，這個方法可能就用得不得力。因此，如果你有機會學習不同的方法，可以從中選擇一個最適合自己的方法來用功，會比較受用。

建立正確的學習心態

若是從負面的角度來看，有些人在弘傳禪法的過程中，常常會過分地強調自己的方法是唯一的；即使不是唯一的，也是最好的。因此，就會在有意無意之間批評別人的方法，最後演變成競爭的現象。修學佛法若有這種較量的心，在學習上就會有一些障礙。比如有人打禪七，方法用得不太好，他就改另外一個方法；或許第二個方法比較適合他的根性，他就說這個方法有用，第一個方法沒有用。不久，他又覺得其他新方法更好用，便認為第二個方法不好用了。他可能就這樣陸陸續續學了四、五個方法，每次學習新的方法時，都會認為之前的方法不好用，只有剛剛學的才好用。如果我們也是抱持這樣的態度和心理來學習，那就不是一種很平衡的情況。

我們應該知道，第二個方法之所以能夠學得好，是因為有第一個方法做為基礎；同樣的，如果能夠從第三個方法得到受用，那是因為前面兩個方法已經幫助他把工夫用到某個程度了，所以才比較用得上去。如果他在應用第三個方法時，認為之前那兩個方法是不好用的，可能會為了幫助他現在親近的師父宣傳這個方法，有意無意地貶低之前向其他師父所學過的方法。我看過這樣的例子，雖然不是很多，但反映出一些修學禪法的人某種不很健康的心態。

當我們學習新的方法時，一般上會比較快感到有所受用。為什麼呢？因為對它有一種新鮮感。但是用久了之後，很自然地對它的反應會緩慢下來。緩慢，是因為已經熟悉它，這時你會想要吸收更新或更深一層的內容。另外，學習比較淺的禪法，也會比較快得到受用；學習比較深的禪法，往往需要更長的時間。很多人都過不了漫長時間這一關，所以寧願去學習一個又一個新的方法，因為他們覺得這樣能很快看到成績，而不知道假如繼續學習下去，可以把方法用得更深。

有很多人都是用這樣的方式在學習，表面上學會了很多方法。或許他們會說：「每個方法都學會了，最後就可以融會貫通。」如果我們抱持這樣的心態學習，到最後會是什麼都學不通的。為什麼呢？因為禪修與做生意不同，並不是說這個貨品剛面世，比較好賣，就買一點；再有新貨品上市，又添購一些，最後就會變成雜貨店。

修行有如爬山

每個禪修老師在教導方法時，都應該會有一套很完整的系統，所以你要老實、認真地跟著你的老師學習，不要期望在三、五年的短時間內就可以得到很大的受用。修行工夫是需要累積的，累積的方法就是每天不斷地用功；方法用久了以後，自然就會熟練到能夠貫通別的方法。又或許你在這個方法的學習過程中不斷地深入，終於能夠非常清楚地掌握以後，就可以依經論的內容，和自己的內在經驗，設計出一套方法，這些都是有可能的。

如果每個方法我們都只學會一點皮毛，或用了一、兩年之後，又去學習新的方法，最後每個方法都只懂一點點，沒有一個方法能夠真正用得上。比如打坐時，剛開始用慈悲觀；慈悲觀用不上時，又去參話頭；話頭參不下去了，又改用不淨觀；再沒有辦法了，只好去念佛。這樣三心兩意的話，怎麼用功呢？

一般上我們開始學習一個方法時，一定會有所受用，因為那是從不懂到懂的階段，會有一種滿足感。但是學會了以後，要懂得更深入的內容，那才是工夫！就好像我手上拿著一個茶杯，告訴你它是茶杯，雖然只是一句話，就能夠讓你從不懂到懂，知道它是一個茶杯。但是，如果要了解這個茶杯是怎麼製作的，就不是三言兩語可以講得清楚的。因此，每個方法都一定有它的功用，只要持續用功下去，久了必然會產生一定的效果的。當你對一個方法能夠應用自如時，再去學習別的方法，就能夠互相貫通了。

修行猶如爬山，要到達山頂可以通過不同的道路，甚至在開始爬的階段，方向可以是相反的。比如從東面的山腳上山，方向要朝西，才能到達山頂；若從西面的山腳上山，方向則要朝東。當然，你自己處在什麼位置要很清楚；當你確定了自己的位置，才知道要往的方向是東或是南？東西南北只是一個假定的方向而已，最重要的是：你一定要朝向上的方向去，而目標一定是在山頂。

如果有四個人從四個不同的方向上山，到了某一個路段，大家一定可以見到面的。因為知見是相同的，所以即使運用的是不同的方法，過程中仍會慢慢朝往同一個方向。如果你開始是往東面的方向上山，才走幾步，你看不到山頂就換方向，往西面走；走了幾步之後，你又覺得很累，不想繼續往前走，就再轉向往南面走。結果呢？你東走兩步、西走兩步，都是在兜圈子，什麼時候才能夠到達山頂呢？反而不如一些人，只要把握一邊，就很認真地往上走，最後都可以到達同一個終點。所以，問題不是出在教導的老師或方法，而是自己的學習心態。

深入方法，持續用功

禪七期間，正確的學習心態很重要。心態健康的人，在關鍵、重要的時刻，它會成就一股推動的力量；反之，若心態不正確，到了關鍵時刻，障礙就出現了。我常常不斷地提醒大家，心態一定要單純，而且要很健康；將負面、不健康的心態清理掉，禪修工夫才能夠一直向上進步。

如果你學了兩、三個方法，到了某個階段，工夫的進度都會緩慢下來，那表示工夫用得不夠深，而不是這些方法不適合你。每個方法都可能適合你，關鍵在於你的工夫用得夠不夠深入？工夫用得不夠深，當然就沒有辦法讓你感受到更為深細的效果。因此，你要在所學習的方法裡面，選擇其中一個方法，然後很用心而堅持地用下去；直到最後能夠突破自己的障礙，即突破緩慢或停滯的現象，讓自己可以持續再用功下去。

早期我發現學生有這種緩慢、停滯的現象，曾舉了一個比喻：當水從高山流下來時，它一定流得很快；但是，如果它在流向大海之前，必須經過一段平原時，必然會流得很緩慢。有時候我們會錯以為它沒有在流動，甚至覺得它是停滯不動的。實際上只要水是通向大海，它必然是流動的，只不過在平原的階段，它流得比較緩慢。

同樣的，你在閱讀一些新領域的書籍時，會覺得吸收到很多新知。但是，如果你一直閱讀同一類的書籍，吸收的速度便會緩慢下來，因為很多內容都已經懂了，就感覺不到有吸收新的內容。其實，當你在閱讀及思考的過程中，你對這些內容的了解已經更深入了。

修學佛法，必然會走上禪修的道路。如果你想從佛法中得到真正的受用，甚至確定解脫為最終極的目標時，就非得走上禪修之路。所以你在學習這個法門時，是不是真正掌握到它的方法？你所建立的知見、觀念是否正確？這些都是非常重要的。

而對一些早期禪修資料的了解，可以幫助我們釐清修習止觀法門的一些觀念。《六門教授習定論》不只學習禪修的人需要了解，也是教導禪修的老師們重要的參考指南。這部論是屬於唯識宗（瑜伽行派）的論著，為無著菩薩所著，世親菩薩解釋。

無著和世親是兄弟。無著菩薩提倡大乘佛教，傳承了彌勒菩薩的系統——瑜伽行派，後期稱為唯識學。他有很多重要的唯識學論著，例如《瑜伽師地論》、《攝大乘論》。世親菩薩則是以部派佛教為主，起先學習經量部的學說，後來也轉入大乘佛教。

聽說世親菩薩在學習部派佛教時，曾寫了一些文章批判大乘佛教。當他學習大乘佛教以後，想起以前所做的事情，感到很慚愧，就想割下舌頭來彌補自己的罪。無著菩薩勸告他：「你既然可以用文字來批判，當然也可以用文字來讚歎！」於是，世親菩薩就開始弘揚大乘佛教，後來造了非常多的重要論著。

發掘神話的深層內涵

佛教在發展的過程中，出現很多類似神話的情況，我們常常會忽略其背後所要傳達的精神與意義，而用時代的眼光對它們提出一些批判。其實，在一個文化發展的過程，神話的出現是很正常的現象。因為有很多神祕的經驗或一些文化深層的部分，是沒有辦法直接以一般世俗的情況來解釋，所以需要通過神話的方式來傳達。因此，在學習佛法時，不妨以一種比較寬闊的心去了解、包容。如果沒有很清楚了解就做批判，那是一種沒有意義的批判，甚至是一種毀謗。

在弘揚佛法的過程，並沒有所謂的對或錯，只有契不契機或契不契理之分。有些方法雖然契理，但是到了某個階段，同樣的方法可能已經不能契合當時眾生的根機；或者，有些方法並不完全契合最究竟了義的理則，但是它們卻能契合當時眾生的根機。對於那些已經不契合時代的，不需要批判，它們自然會被淘汰的。當然，學術研究工作者也許需要做一些批判和對比的工作，但是弘揚宗教的人士就不需要去做批判。

早期的佛教經典中也有很多神話的成分，比如一些天神，或是佛陀的弟子在轉世的過程中，以仙人身分來找佛陀；還有梵天王請佛陀說法等。我們要了解，宗教發展必然會有一些神話的成分，這些內容可能是真實的，也可能只是譬喻。當這個宗教有很重要的訊息不能夠直接傳達時，就需要借用譬喻或神話的方式來表達。

佛教在發展的過程中，經典和論典的結集是發展的必然現象。經典是由一群人結集，比較強調宗教的修持及境界，所以感應的事蹟比較多，神話的成分當然就會比較明顯。論典則是論師根據經典的內容來論述，比較著重在議論的部分，所以神話的內容相對地比較少。從這裡可以看出，經典和論典之間一些的不同。

我們了解這些情況之後，就可以用比較正確的角度來看待，在學習上反而能夠拓寬視野，學到更多東西。學習是一個不斷成長的過程，我們一定要常常自我省思，突破自己的一些狹隘觀念，不需要過分嚴厲去批判以往的事物。當經歷了更多事情後，體驗也會不一樣，漸漸地便能將以往執著的事物放下，因為它已經不再契合自己當下的心境。

對於佛教的研究，尤其是一些歷史演變的過程，或是某個觀念的建設，我們也可以用這種方式來處理，即學習和掌握契機的部分，放下不契合的部分，但不須嚴厲去批判。祖師大德們在提倡一些學說時，不會因為他個人如此想而提倡、發揚的；這些學說能夠成為一個系統而流傳下來，必然有其某一方面的價值與影響。

如果我們能以正面、寬闊的心態來看待及學習佛法，便可以吸收它的優點。實際上一些後期的佛教談到修行的部分時，都是相當有系統的，因為這些思想傳承都是長期累積而建設的。也許它們有某些部分與外道的思想結合，但是祖師大德們可以將修定的過程闡釋得如此詳細、透徹，必然與他們自身的修證有很大的關係。

因此，在學習禪法的過程，我們應當以理性的角度去衡量，對於多種禪修宗派的出現，才知道如何去應對。在學習上，不妨根據自己的根機，好好學會某個方法，直到對這個方法有了相當深入的了解以後，再去學習其他的法門。或許在不斷用功的過程中，可以讓自己貫通之前曾經學習過的一些法門。

這些都是在進入論文正題之前需要提出來的，一方面幫助我們釐清一些觀念，另一方面也可以讓我們建立一個比較正確的學習態度。如此一來，在學習上就會有很大的效益和收穫。

目錄

卷二

第二門：依處門

卷三

第三門：本依門

卷四

第四門：正依門

卷五

第五門：修習門

卷六

卷一

第一門

意樂門

禪修意願

《六門教授習定論》中的「習定」，是指定的學習。它的內容分成六個部分，即「六門」，第一個偈頌就談到六門。我依六門，同時參考了近代著名佛學家呂澂教授的釋文，畫了一個簡表（見本書二二五頁折頁）。

定成就了，慧也就成就

這部論是由無著菩薩所造、世親菩薩作釋，之後好像就沒有其他人再解釋這部論。直到民國初年，才見呂澂教授寫的一篇釋文。呂澂的老師——歐陽竟無是近代著名佛教居士，與太虛大師曾在佛學院一起讀書。後來，歐陽竟無專門深入研究唯識學，是學術界提倡唯識學的重要人物。在他的學生當中，呂澂是最傑出的一位。如果依太虛大師與歐陽竟無的相等地位來看，呂澂的地位可說是等同印順導師。

六門，是六章的意思；教授，是教導；習，就是學習。所以，這六門所涵蓋的是可以教導別人，也可以自己學習的內容——定，沒有刻意強調慧。一般上我們的觀念，都認為止和觀、定和慧是相等的；即是說，修止就能得到定，修觀就能得到慧。

當我們把止和觀或是定和慧分開看待時，往往會產生一種現象：認為自己修的是定，而他人修的是慧。早期我提倡以天台止觀的法門來用功時，注重數呼吸的方法，它在某種程度上比較偏於止的部分。當時，有另外一批人在教導「智慧禪」的法門，他們批判止觀法門只有定，沒有慧；而他們所採用的方法不需要修定，直接就修慧。

如果從呂澂的釋文來看，修定其實結合了止和觀的方法，只是在用功的過程會有所偏重。他提到在第五門（修習門）中，有一段說明：「心緣字而住，此是心寂處，說名奢摩他；觀彼種種境，名毘鉢舍那。」舉個例子：如果你注意呼吸的進出，那是「止」；如果是觀呼吸的進出，從中看出它的生滅相，就是「觀」。注意呼吸的進出，即緣這個方法而「住」，就是「止」，又作「奢摩他」（śamatha）；依這個方法來觀其種種變化的境界，比如觀呼吸的長短、變化，即是「觀」，又作「毘鉢舍那」（vipaśyanā）。

因此，在方法的應用上，或止或觀會有所偏重，但不可能只有其中一個，所以說：「復是一瑜伽，名一二分定。」即有一分定和二分定。一分定即是有所偏重，有時候偏「止」行，有時候則偏「觀」行；二分定即「止觀雙運」。所以，這部論沒有特意強調定成就了，再來修慧。

修習止觀法門，當定成就時，慧也就成就了。這是呂澂所提出的一個相當重要的觀念。所以，修習止觀並不只是有止而已。雖然偏重於止，仍須有觀照的作用；沒有警覺、觀照，止便不能夠成就。或許你會說：「好，那我就修觀。」其實你只是一直在思考教理、分析理論，心並沒有止靜下來，根本不可能成就慧。

禪法的教授與學習

這部論在談到第五門（修習門）有關止觀的部分之前，先講到第三門（本依門）的「九住心」——九個不同層次的安住。有些人將九住心當作是定的修習，但呂澂卻認為，它只是修習止觀之前的準備工夫而已。在還未真正進入止觀修習之前，先訓練你的心能夠安住，到後面第五門的階段，才談到止觀。

如果以九住心來衡量我們學禪過程的用功情況，我們其實連九住心都沒有修完，仍停留在前面的準備工夫，還沒有真正進入止觀的修習。我們常看到一些禪修組織，強調他們的方法可以很快成就，進入初禪以上的禪定。若以九住心去衡量，很可能他們連九住心也沒有完成。這些方法在教授或學習上，是需要做一些檢討的。

印度的論師都是很重要的瑜伽師，他們在禪修方面都有相當深細的體驗，所以將九住心放在前面的部分，後面才談到止觀。以這樣的角度來看，《六門教授習定論》和呂澂的釋文，可以做為修學參考一個很重要的資料。

「定」是屬於個人很內在的經驗，證得聖果的聖者和一些重要的禪師們，都有各自的禪修體驗和悟境。不過，這些禪師和聖者在傳授禪修方法時，不一定完全依據他們的老師所教授的方法，因為很多個人的體驗是無法傳承的。文字可以傳承，方法也可以教授，但經驗是要靠自己的。所以，有一些禪師會依據某部論典做為傳承；再依個人的禪修體驗，設計出一套方法來教導學生。

禪修法門在推廣的過程中，會因時空的因緣或學生的素質而有所調整。我們的初級靜坐課程，一定會有老師教授。教導方法的老師，不一定有深刻的禪修體驗，但是他對方法有一定程度的了解，而且也應用這個方法一段時間，知道怎樣把握、教授這個方法；學生若有不懂的地方，可以直接問老師。有一些禪修組織在教導方法的應用時，是讓學生聽錄製的有聲資料。因為不是直接交流、溝通，所以在聽的過程中，是不可能完整的學習。況且不是每一個人聽同樣的資料，都會得到相同的理解。

因此，我們在禪堂教導方法時，是不允許錄音的，因為有可能會被別人借用，而他的根機未必和當時在禪堂的學生一樣，很難只聽錄音帶就明白禪法。所以在教授禪坐的過程，要非常注重老師與學生的互動。

禪修的推動力

再回到這部論來談。這部論的第一個偈頌：「求脫者積集，於住勤修習；得三圓滿已，有依修定人。」它已經將「六門」——六個名稱都提出來，這是一般上印度的論師們著論的方式。我是根據呂澂教授的釋文把六個門列出來，即：⑴意樂門，⑵依處門，⑶本依門，⑷正依門，⑸修習門，⑹得果門。求脫者即「意樂門」，積集即「依處門」，修習即「本依門」，圓滿即「正依門」，有依即「修習門」，修定人即「得果門」。

《六門教授習定論》的正文一開始就直接談到：「今欲利益一切有情，令習世定及出世定，速能捨離諸煩惱故。」這裡提到一個很重要的部分，就是「世定」與「出世定」，即世間定與出世間定；最後的「得果門」則談到世間果和出世間果，這些都是本論的特色：先談修定，最後談到得果。

先來看第一門——意樂門。意樂，是修學禪定一個非常重要的部分。如果一個人沒有修行、修定的意願，即使參加禪修課程，還是沒有推動的力量的。推動的力量必須是從內心引發的，但這個內在的推動力，有時必須靠外在的一些因緣。當一個人的心力還沒有被引發出來，它的力量是不夠的；他需要靠一些外緣，但外緣不只是一些外在的因緣而已。比如朋友鼓勵他參加，所以他就來了，這便是靠外緣，但這個外緣是沒有力量的。又或許你的朋友陪伴你參加，這也是沒有力量的，這些都不是真正的外緣。

真正的外緣是什麼呢？是佛法。剛開始學佛的階段，一般上我們是依外在的因緣，即從三藏十二部經及所有表詮佛法的語言文字的「文義法」吸收到佛法。在學習的過程中，若能引發內心對修行、修定的意願，這個力量才會強大。如果我們對「法」沒有真正的了解，或只是知道很表層的部分，就會以為佛法只是如此而已。比如我們看到許多人很熱衷於法會的工作，只要有法會就會去幫忙，有如觀音菩薩無處不現身。因為太活躍於法會的活動，他們反而不一定能夠靜得下來禪修；有些人則比較相應於慈善的活動，他們同樣也未必能夠靜得下來禪修，因為他們認為這就是佛法，就是在實踐菩薩道。

此外，也有些人很熱衷研究佛法，看了許多佛書、經論，當作學術研究；一旦要他們靜靜坐下來用功，不一定做得到。在我們主辦的課程裡所安排的靜坐時段，來參加的人不一定真正想學靜坐；即使學會了方法，也不一定會一直使用。更有一些人雖然開始修定了，但未必就明白修定最終極的目標。或許他們知道，但是他們的意願不一定與這個最終極的目標相應。

《六門教授習定論》把「意樂」放在第一門，即是說要真正修習禪定，意願是最主要的推動力量。所以，我們要明白所謂的「意樂」是什麼？為什麼要修定？修定最終的目標是什麼？這部論告訴我們，修定最終的目標是求解脫。如果沒有求解脫的意願，也就表示我們還沒有真正與定相應。

意願是推動我們修行的力量，不管是緣覺、聲聞或是菩薩行者，修習禪定都是為了求解脫。我們必須對佛法有比較正確的了解，才能夠建立這個觀念：修定的最終目標，是為了解脫。

生命的實相

佛陀告訴我們，世間有八苦：生、老、病、死、愛別離、怨憎會、求不得、五蘊熾盛種種苦。實際上苦也含有一種很深細、很內在的不安狀況，如果我們注意自己的內心，會發現它常常處在不安的狀態。有時不安的情況會很明顯，有時則比較內層而不易察覺。這種深細、莫名的不安，是與生命個體的存在息息相關的。

當一個人的生命直接受到威脅或憂慮未來時，不安的狀況就很明顯。此外，當自己感到很孤單的時候，也會有不安的狀況。其實，每一個生命個體都是孤單的，如果沒有打破這個「我」，一定是孤單的。比如愛人離開了，你很痛苦，因為你染著於他、捨不得他；因為他離開了，只剩下自己一個人，孤單和不安的情緒就生起了。生活在一個熟悉的空間裡，你會感覺很安全；對未知的明天，心裡便會產生不安。又或許你要到一個陌生的地方，因為不熟悉，在前往的途中，也會有不安的情緒。

如果你能夠對自己的心，乃至自己的生命個體做一些比較深細、內在的探索，就會明白佛陀所講的「人生是苦」確實是真的，也才可能從內心發起求解脫的意願。如果你不能夠真正感受到人生是苦，當然就不會有想求解脫的意願。如果不能夠從這個苦超脫出來，生命就會一直不斷地輪轉。為什麼會有苦？苦的原因是什麼？佛陀分析說是無明和愛染；因為無明和愛染，就衍生了種種的問題。如果你要從苦中超脫，就必須看透無明，放下愛染的心。

苦，正是我們生命的真實情況。一旦深入內心去探索時，一定會看到許許多多的妄念，包括回憶過去、憂慮現在、想像將來。回憶過去時，內心會有不安；憂慮現在時，也會產生不安；想像未知的將來，當然也沒有辦法安住下來。這些問題——很明顯的苦或很深細的不安，一直不斷地在內心生起。為什麼會這樣呢？因為無明、愛染。我們執著於這個自體，對它沒有一個很正確、很全面的了解，因而衍生了種種的問題——苦、不安。

一旦我們執著於這個自體，就會對它的不安全感、對它的種種生存的需要，甚至對它的種種理想，產生一種追求的心理，會想盡辦法去滿足或安頓它。如果我們只是採取一種比較表面、粗顯，或是外在的方法來滿足這個自體的種種欲求，並沒有真正解決根本的問題；有時甚至會用逃避的方式，以為這樣就可以躲開問題的發生。如果我們真正想要解決這個問題，就必須正視問題，找出問題的根源，才能夠去應對。明白這個道理，修定的推動力才會增強，也才能夠漸漸地往解脫的果報去證得。

因此，《六門教授習定論》就先提出第一門——意願。我們修行的意願是什麼？是不是很清楚地知道自己修習禪定的動機？這部論一開始就提醒我們：修習禪定的意願，是否與最終的目標——解脫相應？若是，必然朝向解脫的方向前去。

轉識成智

意樂門的「意樂」是指意願，是通往修定最終的目標——解脫的意願。「二種障全除，斯名為解脫」，消除了二種障，便能證得解脫；二種障即「惑種障」和「一切種障」。惑種障是指煩惱障，一切種障就是所知障，這二種障會導致我們在生死中輪轉。惑種障又分為思惑和見惑，再細分為十種煩惱（貪、瞋、癡、慢、疑、身見、邊見、邪見、見取見、戒禁取見），是由六種根本煩惱（貪、瞋、癡、慢、疑、不正見）中分出來的。前五種根本煩惱為思惑，與行為有密切的關係，屬於愛染的成分比較多；第六種根本煩惱——不正見，則屬於見惑。

修行要回到內心

在修行上，聲聞行者受煩惱障種子所束縛，菩薩行者為所知障所縛；佛陀則是二種障都清除，連習氣也沒有了。聲聞行者雖然斷了煩惱，但是在行為上仍然還有一些類似煩惱的習氣——「作相如有惑」。把這些習氣清除，就能證得定慧皆具的俱解脫。

二種障是依附在心識而運作的，所以修行一定要回到內心。「應知執受識，是二障體性」，執受識是二種障的體性，識是心識，二種障必須依止於心識，才能夠產生執受的作用。因為這二種障的依止，心識才形成流轉生死的作用。以唯識學的角度來說，心識有雜染的作用；但就心識本身而言，它是清淨的。因為煩惱障和所知障執受於心識，它才產生雜染的作用，即生死流轉的作用。雜染的心識即阿賴耶識，阿賴耶含有執受的意思。如果把這二種障都清除了，心識就是清淨的，所以才說「轉識成智」。這是一個轉依的過程，轉雜染為清淨，修行就是為了解決這個問題——轉識成智，轉雜染為清淨。

我們可以從不同的學派看到這種轉依、轉化的觀念，基本上都能得到一些共同的說法。比如儒家學說中，孟子講「性善」，荀子卻說「性惡」。不管是「性善」或「性惡」，在儒家思想裡，做為一個人，必須要成為一個人格完美的聖人。如果我們從人性本善的角度來看，人的一些惡法都是後天造成的，其中也包括環境的影響。只要他能夠把本有善良的本性徹底地發揮出來，就是一個聖人了。

不過，荀子講的「性惡」觀念並不是指人的本性，而是指個性上的惡。假如人的本性是惡的，就不可能成為一個聖人。荀子是從現實的觀點去看，幾乎每一個人的內心都含有一些惡法，但他並沒有否定人也有良善的一面，表示惡法還是可以改善的。

若從環境的角度來看，人似乎比較容易與惡法相應，這表示人的個性裡含有比較多的惡法。但是，如果以適當的方法來訓練人，就能夠讓人的善良個性發揮出來。所以，不管是「性善」或「性惡」，一個人要成為善人，必須通過教育的方式。所以儒家非常注重教育，認為人生最終的目標是建立一個完美的人格，而教育是通往這個目標的途徑。

佛陀則認為，人生最終極的目標是解脫生死。佛陀並沒有直接談到「心性本善」或「心性本惡」，而是以「業感緣起」來說明苦的種種情況；再從對現實的觀察，探索苦的來源，以及如何滅除苦。

其實，儒家也沒有直接談到心性，孟子講「性善」，「心性」是在宋明以後的理學家才提出的。這與佛教傳入中國以後，所形成的佛教思想有密切的關係，尤其是禪宗，心性的問題談得最多。

轉雜染為清淨

早期的佛教不直接談心性的觀念，甚至到了中觀出現時，也還沒有談到心性，只提出「性空」的觀念，即「本性空寂」，表示心也是空的。心性的作用是法性的一部分，法性包括了無情或物理現象的本性。心性則以人為主，包括一切有情生命的作用，後來又從「空」的觀念出現了清淨的觀念。空，必然是清淨的。空比較偏向否定的意義，而清淨則比較積極、正面，所以才會說「空即清淨」。

當時在談論「心性本淨」時，比較注重在修練的過程。「淨」是指正在修練用功的心，並不是一般散漫、妄念紛飛的心。早期，心與修定的「定」是共用的，所以「戒、定、慧」三學又稱為「戒、心、慧」；心增上學——修心，與定增上學——修定，是同一個意思。因此，在修心（定）時，心是清淨的，後來慢慢發展成「心性本來清淨」的觀念，就含有類似本體的觀念，認為心性是清淨的。

如果說一切法、一切心本來是清淨的，我們就會碰上哲學上的難題：如果心性是清淨的，為什麼會出現種種雜染的現象呢？如果說心性是雜染的，它又是如何形成的？它又怎樣轉化為清淨呢？因此，內心一定有一個以清淨為所依的功能或作用，才可能從雜染轉化為清淨。

唯識學談到心是有雜染的，但並不表示心是完全污染的，這個有雜染的心也含有清淨的種子。雜染的部分就是有執受的作用，當煩惱障與所知障依止於心識，就形成雜染的作用。在探討這個問題時，必須建設心識也含有清淨種子的觀念；有清淨的種子，才能夠受到清淨法界的熏習，也才可能達到轉化。因此，必先有所依——依於清淨種子，才能有所轉化。

在現實生活中，有情身心的運作還有很多的雜染。如果從心性本淨的角度來看，種種的雜染只是依附在心裡面；將這種種的染污清除，心就恢復清淨了。如果從雜染的心識來看，就是說心執受著種種的煩惱和所知障。

早期還沒有直接談到心是否含有清淨的種子，而是認為可以用清淨的法來熏習心；通過熏習的作用，雜染的心可以轉化為清淨。但這又產生了另外一個問題：如果心沒有清淨的種子，清淨的法又如何去熏習呢？所以，心識本身也必須含藏清淨的種子，它才能夠受熏。原本含有的清淨種子，再加上後天熏習的作用，兩個功能結合，才能夠顯發清淨的作用，才可能有所轉化。

不管從哪一個角度來解說，最後都會發現：心一定要通過修行的方式，才能夠轉化。心性本淨的說法含有外道梵我的觀念；而認為心有雜染的作用，就比較接近部派佛教的解說——業感緣起。因為無明和愛染的作用而招感種種的業，也就引發了生死流轉的作用，所以唯識學的觀點——心有雜染的作用，比較能夠解說原始佛教的觀察。

心性本淨

唯識學的瑜伽行派出現在西北印度，當時的西北印度是說一切有部，以及一些上座部最興盛的地區。雖然唯識學的內容講的是大乘佛教，但是它的一些論典和很多思想的建設方式卻很接近部派佛教。「心性本淨」的觀念源自於南印度大乘佛教的地區，這個地區是大眾部佛教的重要發展地區。大眾部吸收了原始佛教和部派佛教某些經典裡，有關心性本淨的觀念，建設了心性本淨的思想；分別說部的思想，也滿接近心性本淨的觀念。

上座部或說一切有部的思想則比較偏於雜染的作用，因為他們是從現實去觀察有情。如果從十二緣起的角度來觀察有情，就可以不斷地往上追溯，最終必然看到生死流轉的兩個主要動力，即愛染和無明。觀察到生死緣起的流轉，也要能夠看到緣起的還滅——滅除無明；無明滅，便滅去所有流轉生死的作用。因為是從緣起的流轉談無明緣行，行緣識……，所以就沒有直接談到心性、心識的問題；從環環相扣的緣起法則來看，它好像比較偏於雜染的說法。這些都是佛教在發展過程中，不能避免的思想發展。

唯心或心性本淨的思想，與修行有很密切的關係。如果你很重視修行，通過修定的體驗，你會感覺正在修定的心是清淨的，心的本體是清淨的。所以重視定的修學，很容易傾向心性本淨或唯心的觀念。到了後期，唯心思想在佛教的派系裡占了一個相當重要的部分。唯心思想多是以經典的方式流傳。一般上研究佛教哲學的學者，會比較注重論典而非經典，因為他們認為經典的思想體系比較不似論典那麼有系統。其實，經典的內容已經形成一個很完整的體系了。

當這些以心性、本性為主流思想的經典傳入中國之後，非常受到重視。雖然早期有一些論典傳進中國，也有一些人在研究、甚至發揚這些論典，但始終沒有得到真正地開展。後來中國佛教系統化的建立，都是以經典為主。這些經典與中國儒家主流的思想——性善觀念結合，所以中國佛教在談論心性的問題時，一定都是以心性本淨的觀念為主，尤其是禪宗。

禪宗在演變的過程中，曾提出一個很極端的觀念：你根本不需要修行！為什麼呢？因為你的心本來就是清淨的。你的心就是佛心，佛心即清淨心；本來清淨、具足的心，還要修什麼呢？還要修佛心！因為清淨心是從果位上來講，而修行是屬於因位，不須追究心性本淨或心是雜染的，只要斷除所有的無明，內心清淨的功能就能夠顯發。

因此，在果位上講心本來清淨，當然沒有問題。如果在修行的階段——因位上講心本來清淨，會變成每一個念頭都是清淨的，那就很危險了。我們的心還有雜染的作用、很多煩惱，所以禪宗有提到：「一念覺，一念佛；念念覺，念念佛。」一念覺，當下就是佛；念念覺，念念就是佛。禪宗非常重視這個「覺」的部分。

心、意、識的功能

第一門（意樂門）談到障住解脫的是二種障：煩惱障和所知障。煩惱障障礙生死的解脫，即障礙、縛住聲聞；而所知障則障礙菩薩度化眾生。這二種障皆依止於心識，心識有種種的雜染，又稱為「阿賴耶」。這部論沒有談及第八識，第七識、第八識是唯識學發展到比較後期、系統化的階段才出現的觀念。

佛教早期，甚至到了中觀出現時，也還只談到六識。在講蘊、處、界時，「界」是六界，即地、水、火、風、空、識，後來演變成「十八界」。「界」是界分，在十八界的解說裡，意識與意根可以說是一個整體，但是在功能上還是有一些差別。當眼根接觸外塵，產生眼識的作用；意根接觸到法塵，就產生意識的作用。依六根（內六處）接觸六塵（外六處）所產生的了別作用稱為六識，就形成十八界的說法，主要在於功能上的一些差別，界分了意識與意根。

一般上說心識時，指的是意的作用。心、意、識可以綜合起來講，也可以因其功能不同而分開來談。因此，可以從中發現：有一些作用比較外在，有一些作用則比較內在。最內層的作用是什麼呢？早期在談到意識時，認為意的作用要流轉生死，它一定含藏一些種子，否則如何流轉生死呢？種種的行為造作——業，都一定會回熏到「意」。所以在觀念上、思想上，要把這些不同的功能分別出來。讓煩惱依止的，稱為阿賴耶，早期是「執持」的意思；慢慢地，當它的系統愈來愈清楚、完整，就建立了阿賴耶識與末那識。

「末那」，就是「意」的意思。從現前的角度來看，這個「意」是所有認識的一個中心。但是，「意」必須要有所依止，所以將意或意識的作用分析得更詳細，就有外層和比較內層的作用。從比較內層的作用，便談到最根本的阿賴耶；阿賴耶與意識間中會產生「識」，就變成是「末那」——第七識的作用。意識對「末那」有所依止，「末那」的作用與四無記根（我愛、我見、我慢、我癡）結合，形成種種造作，而有很深的我執。這個我執或四無記根，一定與意識的作用很靠近，意識在運作時必然受它左右。而這個我執或四無記根，又會對更內在的作用——阿賴耶識產生執著，執其為我。

這種種分析都是在說明心識的作用，也進一步通過哲學的角度來建設它的性質——善或惡。從修道的角度來看，修行必須經歷淨化的過程——將種種煩惱，或是形成生死流轉的作用終止、滅除，最後達到解脫生死。這些作用到底含藏在哪裡呢？它又是如何運作的？我們會發現，都一定與心識有關係。早期只用意識就說明、涵蓋全部，後期愈分愈細而發展出第七識、第八識之說。

不管我們如何分析、解釋心識的不同作用，也不管心惡、心本來清淨，或心性本空，在現實生活中所顯現的就是種種的煩惱、種種的苦。我們要滅除這些苦，最後一定要走上修行這條路。就好像儒家，不管是性善或性惡的說法，最終就是要帶我們進入教育，以教育的方式讓我們完成大人之學。佛法的修學也一樣，不管心是怎麼一回事，只有通過修行的方法，才能夠把種種的煩惱和苦滅除而證得解脫。

這裡沒有直接談到「心性本善」或是「心性本惡」的問題，而是談到煩惱障和所知障會導致我們流轉生死。這二障依止於心識，即阿賴耶。煩惱是最內在的生死流轉的動力，將它清理了，就可以從生死中解脫。所知障是屬於知識方面的不足，或偏差、錯誤，因此限制了、甚至障礙度化眾生的工作。

《六門教授習定論》是大乘佛教的論典，所以一定會談到菩薩道及佛道的完成。雖然聲聞和緣覺行者的煩惱都斷除了，也證得解脫，但還是有一些習氣存在。唯有佛陀能夠把一切煩惱斷除，包括所知障、習氣也一一滅除了，這才是修行最高、最終極的目標——成佛。

禪修法門，殊途同歸

基本上，中觀的思想還是接受、承認三乘的解脫是究竟的。中觀般若思想的出現比較接近部派佛教，所以《般若經》有提到「三獸過河」，認為三乘的解脫是究竟的，只有量上的不同，而沒有本質上的差別。後期的唯識學就根據「三獸過河」的觀念，發展出另一個說法：眾生有不同的根性，有一些屬於聲聞根性，有一些屬於緣覺根性，有一些屬於菩薩根性，還有一些是屬於不定的根性。所以，唯識學派提倡菩薩道，就是要度化這些聲聞、緣覺和不定性的眾生，讓他們都能夠步向菩薩道。

還有一種是定性的闡提，這一類的眾生是沒有辦法修行，極難成佛的。這個觀念可能與印度文化有一點關係，印度的社會分有四種階級，最低的是首陀羅，以及不在這四種階級之內的賤民，他們的生命只有一次；他們的一生，就是為其他階級的人服務。只有再生族（即婆羅門、剎帝利、吠舍）有宗教的生命，才能夠修行、解脫。從佛法的角度來看，眾生是平等的，為什麼會有定性的闡提呢？唯識學並沒有提到這一點。定性就好像定業，定業到底可不可轉？從緣起、中觀的角度而言，定業是可以轉的，否則就不符合緣起的說法了。

後期的唯心思想，就提到一闡提也能夠成佛，強調眾生一定要成就佛道，才是究竟的；聲聞和緣覺行者只是到了「半途」而已，還沒有到達最圓滿的目標——成佛。中觀學說比較接近部派佛教，所以承認：通過修行把所有的煩惱斷除，就證得解脫；能夠了脫生死，即所作已辦，成佛與否都沒有問題。在經典中，《般若經》並未強調非得成佛，才是究竟。《法華經》就特別強調「會三歸一」，即三乘一定要回歸一佛乘，成就佛道才是最究竟的。這些思想，都是經過發展、演變而有的。

不管從哪一個角度或思想體系去看，最重要是要掌握到這些思想所要表達的訊息，即在生死流轉的過程中，我們要趨向還滅。所以，修行的目標一定是解脫，從苦惱、生死中解脫；要達到解脫，我們就要依照方法來用功修行。不管依據哪一個思想體系的修行方法，它必然是依著緣起的觀念來建設的。因此，不同的禪修法門，在方法的應用上也許會有不同，但最終的目標卻是相同的。

障礙解脫的力量，就是煩惱障與所知障。如果把煩惱清理了，就可以證得解脫；清理了所知障，就可以行持菩薩道。一旦將所有的習氣都滅除了，就是佛道的完成，也是修行最終極的目標。因此，我們必須具備一些知見，才能夠從內心發出求解脫的意願。當我們更深一層去了解苦的根源，就知道要滅苦；通過修道，就能夠把苦滅掉。有了修行的意願，就會進入修行的工夫去。這就是為什麼第一門要先建立「意樂門」，修行就是要先有求解脫的意願——發心。

終極目標

前面談過了《六門教授習定論》的第一門——意樂門，它指出修習禪定應該建立一個意願，要發心通往最終的目標——解脫生死。其他有關修定的著作，例如智者大師所著的《釋禪波羅蜜次第法門》（以下簡稱《禪波羅蜜》）和《摩訶止觀》，也是一開始就談到發心。智者大師是根據大乘佛教的角度來寫《禪波羅蜜》，他強調：只有發菩提心，才是最圓正的發心。

圓正的發心

從《禪波羅蜜》的角度來看，發求解脫的心是偏而不圓，因為注重個人的生死解脫。大乘佛教則非常強調度化有情，所以注重發最圓正的心——菩提心。雖然求發解脫的心有所偏，它還是屬於正確的發心；同時也揭發一些不正的發心，即以一種不正確的目標做為修行、修定的根據。

這部論注重在解脫，所以求出離、求解脫就是正確的發心。依大乘佛教的思想，求解脫是偏而不圓的發心，發菩提心才是最圓正的。如果從修行的角度來看，證得解脫已經是究竟了，至於是否要度眾生，那是個人的願心。因此，所發的是出離心，抑或菩提心，並不會影響生死解脫的修行。

發菩提心者，雖然已修至出世間菩薩的階位，還是要解脫生死；發出離心的聲聞行者，修行的重點當然是放在生死的解脫，度不度眾生，是不會障礙解脫的。實際上「度」和「不度」並不是絕對的，對聲聞聖者而言，沒有所謂「不度眾生」這回事。因為所發的願有大小，所以在行為上就會有比較主動或被動的成分。大部分證悟的聖者都會去度化眾生，或許他們不會很積極去製造度化眾生的因緣，而是隨緣度化。

當然，也有一些聲聞行者或修解脫的行者，一旦證得解脫，就到深山隱遁了。不同類型的有情，根據自己的意願、習性，或是當時環境的需要而會有不同的行為。有一些已證解脫的行者很希望能夠度化眾生，可是在當時的環境裡，根本沒有辦法創造度化眾生的因緣，他們可能就此隱遁去了。所以，沒有絕對應該如何做才是正確的。

印度佛教對度化眾生的強調，還比不上中國佛教。中國文化中的儒家思想，很重視現實生活的品質與提昇。所以儒家的聖人，非常強調「修身、齊家、治國、平天下」的觀念；一旦完成了自己品格上的提昇，就想為人群、社會服務。儒家這種提昇品格、修養以造福社會的思想，對佛教在中國的弘揚，有著非常大的影響。也因此，當大乘佛教傳入中國以後，中國佛教很容易就領悟及吸收大乘佛教的思想精華。

印度佛教兩個主要的系統：中觀與唯識，都強調三乘的解脫是究竟的。不過，中國佛教將聲聞和緣覺列為小乘，貶得很低，認為這二乘與大乘有所不同。雖然天台宗和華嚴宗在判教時，將這二乘也列進去，在推廣佛法上，卻一直注重在圓教——大乘教義，視小乘或是重視個人生死解脫的修行者為「自了漢」。

不管我們是依據根本佛教（佛陀時代）的思想，或是後期發展出來的思想，都必須以法的修學為主，而解脫是每一個修行人最終極的目標。在修行的過程中，不論所發的願心是大、是小，或者解脫了以後，是否繼續從事度化眾生的工作，都只是屬於個人的願心，並不會影響修行的目標。當然，依據大乘佛教的思想，發菩提心才是最圓正的，所以一定要行菩薩道。而依據初期佛教的思想，或是一些承認三乘的解脫是究竟的系統，認為一旦證得阿羅漢的果位，即「所作已辦，不受後有」，不會再流轉生死。

極果的證得

早期佛教談到佛陀所證到的果位，與阿羅漢所證到的果位，在本質上是相同的，但量上卻稍有不同。佛陀在證得極果之前，累積了許多度化眾生的功德。而聲聞行者比較偏重個人的生死解脫，所以不是非常積極去累積種種的功德，包括度化眾生的功德。因此，阿羅漢所證的果位，在量方面顯得比較少，也可看出佛陀所證的果位，比阿羅漢的果位更偉大。

南傳佛教有一派系的禪師在教導禪法時，會依據行者的發心來教導。他們採用觀腹部呼吸的方法，即所謂的「智慧禪」（Vipassana）。這種觀法共有十六個階位，類同十六特勝法門。它在教學上有談到：若發菩提心的行者，到了第十三個階位，就不再直透上去；因從第十三個階位直透上去，就會到達第十六個階位，再向上即為初果向，就會證得初果；從初果繼續用功，可以在相當短的時間內，至多七次來回人間、天上，就可以證得阿羅漢的果位。如此，初果的行者就沒有足夠的時間去累積佛果所需要的功德了。

因為需要累積無量的功德，所以菩薩是不可能只有七次的生死，他需要長久留在人間度化眾生，或許也會到惡道度化眾生。因此，行持菩薩道的行者，修到第十三個階位，就不再直透第十六個階位，而會從廣的方面去提昇，即不斷地從事度化眾生的工作；在度化眾生的同時，也不斷地提昇自己。

《本生談》有提及佛陀曾經到畜生道度化眾生。從大乘佛教的角度來說，不管菩薩到哪一個惡道，因為秉持著修行的正見，即使到了畜生道，也能夠依畜生的身來度化眾生。如此經歷無數世的行持菩薩道，累積了無量無數的功德，最終便能證得佛果。

雖然大乘佛教強調要經歷無量劫，累積無量的功德，才能夠證得佛果，但是它也認為：一個人能夠修行而達到解脫，就已經達到修行最終極的目標了。因此，初期大乘佛教承認三乘的解脫是究竟的，只是因個人行願上的不同，所以在量上會有不同的功德累積。

到了大乘佛教的後期，聲聞乘和緣覺乘被貶為小乘。這在佛教發展及思想演變的過程中，發生過一些爭論性的問題。根據一些資料顯示，原始大乘佛教經典出現的時期，與部派佛教經典（《阿含經》）的時代相差不遠。當時，大乘佛教與初期佛教的教理有很多是共通的，後來慢慢地開展，才和初期佛教愈來愈有差距。

掌上泥與大地泥

大眾部比較注重法義，所以在義理上就有很大的開展。如果從緣起的角度來看，法的內容應該可以非常廣泛的。佛陀曾說過，他所說過的法有如他手掌上的泥，沒有說過的法就像大地的泥。

這個說法又形成兩種解釋：有些人認為，既然佛陀說過的法只有像掌上泥那麼多，那就只要這個「掌上泥」就好了。但是從大乘佛教的角度來看，佛陀沒有說的法，比他說過的法來得多。為什麼佛陀說那麼少呢？一方面固然是因為佛陀住世的時間不是很長；另一方面是局限於眾生的根機，有一些法即使說了，眾生可能也不會明白。

另一種說法是：佛陀不需要說那麼多的法，為什麼呢？因為手掌上的泥與大地的泥，本質上是相同的。一旦明白了這個部分，就可以明白另一個部分；甚至若知道了「大地泥」，就會明白「掌上泥」是怎麼一回事了。

假如佛陀說過的法（如手掌上的泥那麼少）與他未曾說過的法（如大地的泥那麼多），在本質上是相同的，那麼我們便不需要直接通過他所說過的法去明白佛法，甚至可以從「大地泥」去了解佛陀所說的「掌上泥」；又或者根據「掌上泥」，也可以明白它與「大地泥」其實是無二無別的。這樣的看法與詮釋，讓後期的大乘佛教有了一個很大的開展空間。

若是從緣起的角度來看，也的確是可以有一個很大的空間的；現代很多先進的科技或科學發明，其實與佛法所談到的一些基本原則，比如無常、無我的法則，有很多是共通的。這即表示我們是有能力通過如「大地泥」的管道，去發現普遍性的理則。所以，大乘佛教在開展他們的思想時，當然是盡情地發揮了。

從保守派的角度來看，認為只有「掌上泥」才是佛說，「大地泥」與「掌上泥」在某種意義上還是有不同的，所以堅守著「掌上泥」這個部分，因此數量與開展的空間是非常有限的。大乘佛教則認為，佛陀未曾說的，並不表示它就不是佛法。佛陀雖然未說「大地泥」，但是它們的泥質是一樣的，當然也是佛法了。保守派的根機太淺了，只適合聽「掌上泥」而已，所以佛陀不為他們說；即使說了，他們也無從了解的。

保守派與開創派因此就展開了種種的辯論，他們之間的距離也愈來愈遠。保守派愈堅持他們的教法是最原始、最究竟的；而大眾部或是開展的一派（喜歡吸收新知識的人），開創的空間愈來愈多，新的觀念不斷地出現，因此貶初期佛教或部派佛教為小乘，而他們是大乘。發展到最後，連所證的果位不僅在量上不同，在質的方面也有一些不同。

當天台智者大師在建立「藏、通、別、圓」的判教時，他是依據大乘佛教的觀念來判攝的。如果以他的判攝來畫表，就會發現藏教的佛、通教的佛、別教的佛，與圓教的佛有不同的層次和境界，這是比較後期的判教。

以客觀角度修學佛法

部派佛教認為，證到阿羅漢果位就已經是「所作已辦，不受後有」，所以不再流轉生死，也不需要再度眾生了。從這個角度來看，根本沒有「迴小向大」的觀念。但是，如果你以這個說法來批判大乘佛教所說的「迴小向大」的觀念是不對的，也不準確。

站在大乘佛教的角度，他們認為阿羅漢只是到了化城而已，只走了三百由旬，還有兩百由旬的路未走完。（編按：參見《妙華蓮華經‧化城喻品第七》）這即表示阿羅漢所謂的「究竟解脫」，並不是真正最圓滿的，他們還是可以「迴小向大」的。當阿羅漢「迴小向大」時，他的境界已經超越聲聞的極果——阿羅漢的果位。

大乘佛教認為，即使是斷了生死煩惱的阿羅漢，還是沒有圓滿覺證到佛果。菩薩是選擇留惑潤生；已證阿羅漢的聖者，雖然已經解脫了所有的煩惱，仍有習氣，即還有塵沙惑未斷除。只要他能一念迴小向大，就可以繼續在生死中流轉，度化眾生，直到圓滿成就佛道。

站在不同的角度，或是不同的思想系統，就有不同的解說與詮釋。實際上初期大乘佛教並沒有特別強調「迴小向大」，認為解脫生死已是究竟。不過，屬於初期大乘佛法的經典《法華經》有會三歸一——「三乘回歸一乘」的說法。另有一些思想系統則認為，已證阿羅漢的聖者，如果認為所證到的果位已經圓滿，選擇入滅而不繼續流轉生死，還是被接受的。只是到了後期的大乘佛教，認為這些聲聞行者是佛教的「焦芽敗種」，只顧個人的解脫，未能發揮佛教的慈悲精神。當這種視成就佛道為究竟圓滿的觀念出現後，各派思想的對抗、辯論也愈來愈激烈。

在修學佛法時，我們應該抱持客觀的角度，不管依據哪一個思想系統來修行，都不需要去貶低或是批判他人的思想來襯托自己。其實，我們現今所看到的經典，基本上都已經加入了一些部派佛教的思想，這是一種很正常的發展過程。比如《論語》是孔子的思想，它的內容都是簡短的一句接一句。難道當時孔子在教學時，是這樣講的嗎？當然不是的。而是當時所能採用的書寫工具只有竹簡，如果把講課的內容都用竹簡刻寫出來，我們可以想像那會是什麼情況？

所以，記載的內容和文字一定要很精簡；而愈是精簡的文字，就有愈大的解釋空間。佛教的經典及一些其他宗教的經典，也都有類同的情況。早期的經典流傳到今日，都是經過後人慢慢地整理，吸收新的養分，重新做了詮釋。因此，我們看到的經典，不一定就是它的原貌。這在文化發展過程中，是正常的現象。

創造度眾的因緣

原始佛教和大乘佛教的教義都告訴我們：修行最終極的目標就是解脫，但是大乘佛教的解脫範圍，推及到廣大的眾生；而原始佛教的聲聞行者，則比較注重個人的生死解脫。然而，解脫最終還是要靠個人的修持。即使行持菩薩道，也只是製造更多學習的因緣給眾生（比如共修的因緣），並不能夠幫助眾生解脫；不管老師的修行體驗有多好，都不能夠把他的體驗傳授給我們。所以，大乘佛教比較注重創造度化眾生的因緣。

大乘佛教的菩薩行者在度化眾生的過程中，會想盡一切的方法來接引眾生。比如有些眾生喜歡唱歌，就創作很多佛曲來接引他們。但是，從保守派的立場來看，這種方式是不理想的，因為把佛法淺化了。有一些法師會特別強調「重法不輕說」，佛法不能夠輕易地說。為什麼呢？若是輕易地說，不是「人不信」，常常是「人不敬」。你站在街頭講佛理，沒有人會來聽的，也沒有人會尊敬的。但是，從大乘佛教的角度來看，這種方式也未嘗不可以，只要能夠接引眾生，街頭弘法又何妨！

站在大乘佛教的立場，以不同的方式、技巧來弘揚佛法是對的、也是很好的。所以，菩薩會很主動地創造種種能夠利他、度他的因緣。然而保守派則認為，當一個人想要聽聞佛法，他一定會主動尋找聞法的因緣，這時才來教導，他會很用心地學習，就會有比較好的成就。如果這樣，就只是很被動地等待因緣而已，很可能一輩子也度不到一個人。

聲聞佛教和大乘佛教在發展的過程裡，出現種種不同的情況，我們應該採取比較客觀的角度來看待；再經過自己理性的分析，在弘揚佛法時，就不會出現偏差的現象。尤其是談到發心的問題：發出離心求解脫？還是發菩提心？大乘佛教強調發菩提心，聲聞佛教則強調發出離心。菩提心固然可以包含出離心，但並不表示只有菩提心才是最圓滿、最正確的發心。對於一些人而言，修行能夠解脫，已是究竟了。

在這個民主時代，我們應該尊重每一個人的選擇，那才是最符合佛法的。當有人認為修行應該偏向個人解脫，或所從事的弘法工作比較保守，我們要尊重他；當有人認為應該從事比較廣大的事業，以度化更多的眾生，我們也一樣尊重他。只要各別在其領域中，能秉持佛法的根本精神——修行解脫，就是正確的做法了。

卷二

第二門

依處門

儲備資糧

在第一門——意樂門，我們談到在整個修行過程中，需要先建立修行的意願，即求解脫。

接下來，談第二門——依處門，在論文裡是「積集」，義為儲備資糧。第一個資糧是種植善根，也就是透過多聞的方式，不斷聽聞、思惟法義，成為建立修行意願一個有力量的根據與依止。

種植善根，深入熏習

我們看到一些人，因為內心有困惑，或是家庭、事業遭受挫折；又或許是遭受到人生的種種苦迫等，對佛法所講的苦感觸極深，意求解脫的心很強，便很積極地投入修行。但是一段日子以後，生活比較如意了，之前失去的東西又得到時，就忘失了自己的意願。他們所發的願心，只是一時的激情而已，並不持久，所以很快便退轉了。為什麼呢？因為他們的意願沒有一個根據、依止，不能夠繼續培養力量。願心的培養，不能只靠一時的激情；激情有如曇花一現，很快就沒有力量了。

又比如有些人平日忙透了，終於能夠休息幾天，就去「閉關」靜修。第一天、第二天，感覺還好；到了第三天，閒得無聊，打坐用不上力，坐也不是，不坐也不是，想想還是回去比較好。很多人學佛，都是在兩個極端跑——太忙時，想要靜下來；靜下來時，卻受不了，又回到忙碌生活中打滾。人的習性，是沒有辦法在很短的時間內改變的。

在大多數的禪修法門裡，都會談到禪修所需要準備的工夫，即需要儲備的資糧。但是，真正進入密集的課程時，會把大部分的時間放在方法上，少有機會熏習佛法。因此，在用功之前，知見上的建設一定要相當地完整、清楚，才不會無所適從。

學習佛法，不只是閱讀佛書或聽聞佛法而已。現在有很多管道可以取得影音光碟，要聽聞佛法很方便，吸收也比較快，但若要深入，一般上還是要通過閱讀書本文字，才容易深刻理解。比如聽CD，可能睡著了並不知道，有沒有聽進去也不太清楚，以這種方式來熏習，它的力量一定不強。而且我們都有一種習慣，聽的時候，若是略過一、兩個句子沒有聽到，很少會倒轉回去再聽一次的。看書就不一樣，警覺心會比較強，略過一、兩個句子，我們會翻回去再看一遍，所以文字熏習的力量比較深入。

然而真正的吸收與否，還得回到我們的心。前面曾提到一些禪修問題的出現，不是因為老師或方法，而是學習者的心態。比如聽聞時，你很認真地聽；聽不明白或是略過一、兩個句子，就重新再聽幾遍。如果你是以這種方式學習，所聽聞的就不只是外在的聲音或是文字而已。它已經加上你內在的思惟過程，有時也會加上你以往的一些經驗。所以外在的資訊，通過眼根或耳根傳入心中時，經過內在的思惟、分析，再結合以往的一些經驗，就會形成新的養分，產生熏習的作用。

前面談過，心受到煩惱障和所知障的障礙，就會形成生死流轉的力量。但是，我們的心也含藏著清淨的種子，若能不斷地接受外在的熏習，可以轉化為內在的力量，進而讓清淨的種子現形。

這部論即教導我們要不斷地聽聞、思惟佛法，才能夠讓善根增長。善根增長，可以鞏固我們對法的信心；信心愈強，就能建立淨信，對佛法沒有任何的疑惑，即對法產生一種勝解。通過外在不斷地熏習，引發內在深細的思惟，再依自己以往的一些經驗或是外在的環境，印證無常、苦的道理。這樣由外而內對法義的了解與印證，對法必定堅信不疑。其實，在整個熏習和思惟法義的過程，某種程度上已經與定的修行相應了，才能夠產生深細的作用。

如果我們只是一直停留在粗淺的層面上，而沒有進入比較深細的思惟與分析，它的熏習力量不會強，也不持久。比如有個人經過一個地方，剛好那裡發生火災，激發了他內在善良的品質，可能就忘記自己，衝進火場救人。我們看了這類的故事會很感動，在感動之餘，我們要了解到一些人在危急、關鍵時刻，能夠把人性最美好、最善良的品質發揮出來。

但它並不是告訴我們，去等待這樣一個機會，看到發生火災了，便衝進去火場救人。如果你這樣想的話，就是有一個很明顯的意識說：「我要救人！」但是你並沒有「忘我」，很可能火災真的發生了，你衝到一半時，忽然想：「我還是不要進去比較好！」你又回頭了，兩者是不一樣的。

如果你看了感人的故事後，就期待著自己也能有機會去發揮這種美德，就表示學習只是停留在表層而已，它並沒有真正熏入內心，因為你並沒有深一層去思考：這個故事所要表達的訊息是什麼？它並不是要激發你去做這件事情，而是要傳達每一個人都有這種內在的良善美德。或許你沒有這個因緣，又或許你的內心已經忘失了這個善良的品德，所以需要往內心去探索、思惟，印證自己的內心也有這種美德，並讓其力量增長。當有需要的時候，你就能夠很自然地發揮這種美好的品德。

建立淨信，袪除熱惱

因此，當我們對法義的了解，從外在的知識熏習，轉化為內在的力量時，淨信——依理性的思惟，轉化為純淨的信心就會建立起來，也因而會對法沒有絲毫的疑惑——無疑。淨信建立了，對法也沒有疑惑了，接下來還要「除熱惱」。

熱惱包括了很多不正確的心態，這些不正確的心態，會讓我們產生種種擾亂的作用。這部論特別強調兩種不正確的知見，都是與慢心相應的，第一個是「欲令他識知見」。我在禪期時，總會不斷地提醒大家：「只管自己用功就好，不要理會別人，也不要與別人較量。」有些人會有這樣的心態：「我已經是老參了，一定要坐得很像樣才可以。」會刻意想引起別人注意。也有些人會在有意無意之間讓別人知道：「我是打過幾次禪七的人哦！」這些心態都是有問題的。

當你有這種想要表現的心理時，如果剛好碰上一個人對你反應很冷漠，你就會很難過而製造很多苦惱。我們的內心有很多這種微細的念頭，稍微沒有察覺，就會讓它們冒出來了。如果修行用功怕被別人忽略，那就很麻煩了。因為想要讓別人知道自己的工夫還不錯，就刻意擺出一副很有修行的樣子，這是一種熱惱，會促使自己製造一些行為，擾亂身心。

另外一個不正確的知見是「自起高舉見」，高舉也是一種慢的行為。有的人雖然沒有做一些事情來引起別人注意，但是他的內心卻一直想著：「我是很有料的，只是沒有表現出來。」或是覺得：「雖然我旁邊的人連續坐了兩支香，但我知道他並不是坐得很好。」如果你常常在心裡製造這些幻想，心就不能夠安定下來，那也很麻煩。每個人都有慢心，如果警覺到自己有這種高舉的心理，不要讓它顯現，應該更謙虛地學習，才能夠繼續進步。

在修行的過程中，我們一定要祛除熱惱。因為它會障礙菩薩道的修行。在《瑜伽菩薩戒本》裡，提到四種重戒——瞋心、慢心、慳吝心和嫉妒心，這些都會障礙菩薩道的修行。有些人雖然很精進用功，卻不一定是朝向解脫道或菩薩道。如果細心審察他們精進力量的來源，很可能來自慢心、高舉心，也就是為了要表現給別人看。

我們要積集修行的資糧，就要不斷地培植善根，並以正確的心態來修學。如果察覺內心有一些不正確的心態，我們要放下它們。因為一旦慢心的力量被引發了，又不能夠將它清理、放下，很可能會被它左右了自己的行為。

因此，我們要特別注意這兩種熱惱——欲令他識知和自起高舉的慢心，它們對修行的障礙滿大的。當我們精進用功時，要時時審察內心：自己精進的力量是依正法而修，抑或依慢心而修？修行是為了給別人看，還是朝向解脫道？如果修行的目標是朝向解脫道，欲令他識知和自起高舉的慢心一定會很淡的。別人知不知道，與解脫毫無關係；即使證得解脫，也不需要表現給別人看。

你需要讓別人知道的是：你是怎樣修習這個法門而得到受用，讓大家也能夠依這個法門而修學。而不是去告訴大家：「我與地藏菩薩溝通了，可以給你一些東西。」這是增上慢！這不是修行要得到的東西，所以一定要時時審察自己的內心和修行的動機。

以正法熏習自己的心

在修行的過程中，很多障礙會出現，所以天台宗的「止觀法門」，特別強調這個「魔」。其實，魔就是障——障礙，其中一個是「天魔」，但你不用怕他會來找你，為什麼呢？你的修行還沒有到家，他是不會來干擾你的。天魔是欲界最高的天，當你要從欲界進入色界，就會超越他，所以他就來干擾你。如果你的信心非常堅定，就不會受他的干擾了。

一般性的用功，會干擾我們的是業障和煩惱障。我們過去很多世曾經造過什麼業，並不知道；當用功到某個階段時，這些業會被引發，才是障礙——煩惱。我們一開始用功時，往往會面對兩個很粗的煩惱，也就是掉舉和昏沉，屬於五蓋（貪、瞋恚、睡眠、掉悔、疑）的煩惱；昏沉與癡心所相應，掉舉則與愛染、瞋恚相應。比如打坐時，忽然生起一些影像讓你很生氣，或觸動你愛染的心，這些都屬於煩惱障。

這裡所講的是慢心，是一種很微細的煩惱，在打坐用功的過程中，一定會出現這些情況。《小止觀》有談到，《禪波羅蜜》則強調要清理這些魔障。有些禪修法門並沒有直接談到這個部分，只是告訴你：修到初禪會有什麼境界、二禪又是什麼境界等情況。很多人就會在心裡製造這些境界，不斷地暗示自己：「這應該是初禪了。」這便是受到慢心的牽引。

真正修行很好的人，他的心愈謙卑。對他而言，內在的修為是沒有辦法顯現出來的；愈是深細的心境，愈不能夠用表面、粗顯的動作來表現，甚至沒有辦法用語言文字來傳達。如果你一直想讓別人知道你的境界有多高，這是與慢心相應的。

在日常生活中，我們應該盡量避開這些熱惱、不正確的心態。慢心是比較深細的，稍微沒有察覺，它就會在我們的言語舉止中冒出來，所以平時要好好地審察自己的念頭，乃至一舉一動；否則到了用功時，它將會形成一種干擾。

接下來要具備的條件是「法流清淨」，即在聽聞正法時，內心很歡喜、很專心，心不會散亂。如果你常常閱讀佛書，讓正法熏習自己的心，使它形成內心的一股流水，沒有間斷；一旦遭遇困境，或是內心受到一些外緣的干擾時，就可以依正法來調和。如果能時時與正法、正念相應，達到「法流清淨」，當真正修行時，資糧就很具足了。

掌握完整的修行觀念

對瑜伽行派而言，《六門教授習定論》是教學禪定一部很重要的論著，因為它所涵蓋的層面非常完整。雖然它沒有詳細教導修定的方法，但是整體的理論和概念，包括修定所應該具備的條件、修定的過程、修定之後所能夠產生的效果，甚至行者的發心，都有非常詳盡的說明。從論文的結構來看，要真正進入止觀的修學，的確不是我們所想像的那麼簡單。對他們而言，修習禪定需要具備的條件非常多，每個部分都有它的重要性。

我們在用功的過程裡，實際上也是在不斷地儲備這些條件和因緣，只是我們的學習比較雜亂，東學一些、西學一點，所以沒有辦法有系統地整理出一個體系來。也因此，我們並不知道自己具備的條件到底夠不夠？如果我們沒有很清楚、完整地掌握修學禪定的條件，在指導別人時，很可能就會忽略某些部分。這部論有談及非常細節的部分，如果我們在禪修真正下過很深的工夫，就會明白為什麼無著菩薩會提出那些重要的條件。

近代有一些人非常重視《小止觀》，認為這本書雖然簡單扼要，卻已涵蓋了整個止觀法門修學的要義。像《小止觀》如此有系統地介紹止觀法門的修學，其實並不多。除了修習止觀的理論和觀念，它也重視方法應用的過程，以及禪修之前所要做的準備工夫。更重要的是，它介紹了二十五種方便（條件），如果具備了這些條件，在禪修上就能夠步步向上。

《小止觀》和《禪波羅蜜》都非常重視身心調和方面，但是在很多的禪修法門裡，就沒有提到這個部分。在初學的階段，可能我們會認為有沒有這些條件，並不是那麼重要。當我們真正用功到比較深細時，就知道這個部分相當重要。修行經驗非常豐富的大德們會整理出來這些資料和系統，一定有一些很重要的原因。

智者大師很強調出靜的過程，很少有禪修方法教導這個部分，所以才會有人說，他打坐進入四禪，出靜時可以馬上就起來，這是非常奇怪的現象。佛陀也是從四禪退到三禪、二禪、初禪，再從初禪回到未到地定才出靜的。即使是未到地定的止靜狀態，要回到一般的狀態，也是需要經過一個調和的過程的。

如果你的工夫用到比較深細的狀況，當引磬聲響了，你是沒有辦法馬上出靜的。你一定要先調心，觀照身體，再做幾次深呼吸，讓呼吸回復到平常的狀況；接著擺動身體，讓身體調和了，再逐步地按摩各個部位，方才出靜。如果一聽到引磬聲，就可以從很深細的狀態中出靜，一定會出問題的。智者大師在《小止觀》提到「二十五種方便」，有的部分是根據經典的記載，或是其他禪師的經驗，也有部分是他自己的體驗。

從他這樣一個編排和設計，就可以看出他的禪修體驗是很深的。

入靜是從粗調到細，所以稍微做些運動就可以了；但出靜卻是從細調到粗，細到什麼程度我們不知道。有人打坐進入色界定，當他從色界定要回到欲界，之間的身心狀況有一段很大的距離，所以需要通過逐步調和的過程，才能出靜。祖師大德在編寫止觀法門的教學內容時，會將一些情況特別提出來，一定是有原因的。《六門教授習定論》所談到的一些內容、觀念，也許我們會認為不是很重要，一旦用功修行時，就會發現這些部分真的不可忽略。

之前有談到一定要清理一些熱惱、惡見，有些人可能會認為這些沒有什麼關係。當然，平時不會覺得怎樣，但是真正用功到比較深細的狀況時，它們可能就會形成障礙，即會讓你調到一個不正確的方向去。雖然開始的階段只是很細微的差別，但是到達目標時就很不同了。所謂「差之毫釐，謬以千里」，近的距離也許還感覺不出來，等走得遠了，差別就很明顯。所以，止觀修學的一些觀念，我們要注意到它們的重要性。

這部論在理論和觀念上的系統是相當完整的，只是在方法的應用上，不像《小止觀》、《六妙門》或《禪波羅蜜》那麼清楚，但是它所提到的一些重要觀念，是很好的參考資料。

卷三

第三門

本依門

前行方便

接下來，談第三門——本依門，它包含了用功的過程、需要面對的問題，以及用功所能得到的效果。

本依門要點

本依門分成七個小節，第一小節是「所緣」，即心所住之處。我們把心安放在哪個地方，才能夠真正用功？當我們的心緣於某一個物件、某一個境或某一處用功時，心就形成一種自體的作用，「自體」是第二小節所談的內容。

第三小節是「差別」，在應用方法的過程，心會產生不同的差別相，即種種不同的層次——九住心。第四小節是「作意」，即引起心警覺的作用。瑜伽行派非常重視作意，認為它是用功的重要關鍵。第五小節是「心亂」，在用功的過程中，心會產生各種散亂的現象，我們要知道是什麼外緣造成，以及如何對治它們。

第六小節是「資糧」，即用功需要儲備的資糧。前面所談到的資糧比較注重在心態和觀念，以及依法而有的資糧；這裡所講的資糧，則是與生活有關的。用功時，是知見和觀念在引導我們，在生活上也必須做適當的調和。《小止觀》便提到要具足五緣，比如衣食具足、閑居靜處，以及調和飲食、睡眠等。當種種的條件都具備了，工夫就可以一步一步地用上，而產生「出離果」的效果。

五停心觀

前面講過，這部論注重在教授，它提供了教導禪修法門者一個完整的系統，比如修定如何引發信心、修定需要具備哪些條件、如何引發願心來用功等。其中，本依門是修習禪定最主要的部分。

雖然我們不能直接從這部論學到用功的方法，但是可以從它完整的系統裡掌握很多重要的觀念，這對我們學習任何一個法門都會有很大的幫助。比如它談到「九住心」和「作意」的部分，可以幫助我們審察自己到底有沒有把方法用好、修習禪定需要注意哪些方面。

本依門的第一小節是「所緣」，它分有三種，即：外所緣、上所緣及內所緣。其中，最重要的是內所緣，依它來修，才是真正進入修定的階段。我們大概還停留在外所緣，即「五停心觀」。在修學上，五停心觀有對治的作用。比如貪欲心重的眾生用不淨觀，瞋恚心重的眾生用慈悲觀，散亂心重的眾生用數息觀，愚癡心重的眾生用緣起觀，我慢心重的眾生則用界分別觀。後來五停心觀傳到中國，並沒有提到我慢的眾生，界分別觀轉成念佛觀，業障重的眾生就用念佛觀。

外所緣是指緣一個外在的事相來用功、攝心。比如修不淨觀，即需要緣一個不淨的相來觀，慈悲觀也需要緣一個外在的事相作觀，所以不淨觀和慈悲觀屬於「假想觀」——假想有一個外在的境界。開始進入修學的階段，一般上還是要靠外在的因緣來幫助我們攝心。但是，這部論不認為依外在的事相來攝心是屬於修定，因為在過程中，還需要經歷「九住心」，才會進入止觀。

調整心態

因此，這裡談到的止觀（定），與一般所說的（觀呼吸即是修定）有些不同，它把修定的含義講得比較深。我們常應用的數息法，也是屬於外所緣的方法，因為緣外在的呼吸。雖然呼吸屬於身根的作用，但它還是比較外在，不是屬於意識、內心的作用。數息法是進入止觀之前的準備和調和。

在《小止觀》一書裡，談到三種調和：調身、調息、調心。用功時，先將身體的姿勢調正、調好；接著調和呼吸，即把心安住在呼吸上——自然地呼吸。當心達到專注時，即是調心的效果。但是我們會發現，安住在呼吸上的心念，很容易被其他的妄念拉走，這時可以用一個比專注呼吸粗一點的念頭——數的方法，來幫助我們提高警覺力，知道自己到底有沒有在用功？如果發現自己沒有在數呼吸，那便表示心已經鬆散，不在專注的狀態了。身心若能保持放鬆，比較容易用上方法。所以在禪期中，我總會不斷地提醒大家要先放鬆身體，再注意呼吸的進出，然後才去數它。

我們以為一旦修行，就會很快見到效果，而忽略了對自己的身心狀況做一些審察的基礎工夫。其實愈快見到效果，很可能是你的問題太多了。有些人打坐時，很容易氣動，一般上是因為身體比較差，所以只要稍微用一些方法，很快就見到「效果」了。工夫要深，一定需要花一段時間。佛陀也是經過六年的苦行，調整方法之後才成道的。六祖惠能在五祖弘忍那裡，也是樁米了好幾個月，機緣成熟才開悟的。

因此，前行的工夫很重要，不要奢望打一個禪七就能開悟。禪修會有那麼多的問題，就是因為有這種急功近利的不正確心態，我們一定要調整，在《小止觀》和《禪波羅蜜》裡都有談到。

由外而內

前面講了「外所緣」，提到五停心觀。其中，不淨觀和慈悲觀是假想觀，因緣觀和界分別觀是理觀，數息是現觀。不管用哪一種方法，都是假借一個外在的因緣，讓我們能夠專注，以達到制心一處的效果。

一心用方法

用功的心，一定要有一股向上推動的力量——「上所緣」。一般上剛開始用功時，我們是依「外所緣」來收攝散亂的心，讓心調柔、調細；達到止或未到地定的工夫後，再從欲界定提昇到色界定。這個厭下欣上的心，就是「上所緣」。

至於「內所緣」，是指工夫已經從外往內心攝，進入意識的層面，是用功過程最主要的部分。原文中有提到「意言」，即已經從外在的文字，轉化為內在的意識作用；或是心理的一種語言、觀念。比如聽到「緣起」，你就知道是什麼意思，它已經成為你意識裡面的語言了。這裡特別強調這個內在的工夫，即在意識裡面出現的觀念，必須是和正法相應，依正法而有的一種認識、印象。比如緣起、無常、空無自性等，才是我們用功的重點所在，也就能夠以心的本性為用功所緣的理觀。

進入「內所緣」時，便可觀心的本性，依心的本性而起觀。但是，我們現在沒有辦法直接進入內所緣，為什麼呢？因為我們的心是往外的，五根習慣攀附外在的五塵，所以意識的作用多是對外，哪有機會對內呢？因此，我們必須先攝心，即先做好前面兩個步驟──「外所緣」和「上所緣」的工夫，才可能進入「內所緣」。一般上我們會把「外所緣」的工夫稱為止，進入「內所緣」就是觀。不過，依據呂澂教授的解釋，第三門的部分還不能算是止，只是前行、加行，即進入止之前的準備工夫而已，到了第五門才是修止。

《小止觀》提到三種止：繫緣止、制心止和體真止，也有類似的分析。繫緣止，是指將專注力放在身體某個重要的部位上，讓心能夠安定下來。制心止，是在攝心的過程中，看到任何一個妄念生起時，便立刻制止它，讓心漸漸達到安住。體真止，即觀妄念的生起是因緣所生，故是無自性的。所以，本依門仍屬攝心的階段，還沒有真正到達止觀的工夫。

這部論對止觀的定義與分析，與傳統的說法不同。一般上傳統的禪修方法將數息法歸為修止，但是在這裡，數呼吸只是攝心而已，還沒有真正進入止，到了第五門才談到修止的過程。

禪定工夫的定義，不同系統的學說有不同的標準。簡單地比喻：不同拳術的黑帶所設的標準，並不完全一樣。有的拳術在很短的時間，就可以拿到黑帶；有的拳術則需要比較長的時間，才能夠拿到黑帶。同樣是黑帶，當兩個學習不同拳術的人交手起來，就會發現功夫層次很不一樣。因此，這些禪定層次標準的設立，並不是絕對的。佛陀的教學並沒有特別強調這個部分，而是後來的禪師把禪定的層次更有系統地分析後才出現的，讓修定的人有所根據。

但是，這些分析可能會造成禪修上的一些障礙。所以在用功時，我們要將這些理論、分析都放下，只是一心用方法，不要猜想自己已經達到什麼境界。當心慢慢能夠收攝、安住於一境時，就可以做更深的思考，或觀心的本性。因為心專注，在思惟法義時就不會散亂；如果專注的心能夠持續安住，在觀照的過程中，便能產生更內在、深層的熏習。因此，將這三種所緣的用功方法放在進入止觀修學之前，有它的深意。

智者大師在講解止觀法門的修學時，也特別強調「調心」的部分，例如《小止觀》的前面五章都在談「二十五種方便」，其中包括了調身、調息和調心；到了第六章，才談正修的部分。《禪波羅蜜》也是如此，其中的方便分成「外方便」和「內方便」，「二十五種方便」歸在「外方便」，正式用功時才談到「內方便」的部分。

聞法的心態

從《小止觀》和《禪波羅蜜》的內容次第，可以看到它們與這部論有類同之處。即在用方法調身、調息、調心時，只是修學止觀法門的「前方便」而已。它讓我們知道，真正進入止觀的修習，前面一定要有很充足的準備工夫。如果心處於很散漫的狀態，就必須經過調心的過程，讓心安頓了，才能夠進入止觀的修學。如果一開始就要求我們回歸內心，安住用功，那是不太可能的。

同樣的，聞法時，要有什麼心態呢？佛經裡就有不同的比喻。比如下雨時，我們放一個臉盆想盛水，最後卻發現臉盆裡並沒有水，因為它是倒放的。第二種情況是臉盆裝了水，它卻不能夠喝。為什麼呢？因為臉盆是髒的，所以盛的水也是髒的。還有一種情況是，臉盆拿回來時，水變得很少，因為它有裂痕，水漏掉了。我們以為多聞就是多看、多聽，可是一面聽，一面忘記；或是右耳進，左耳出，並沒有吸收。這就好像如果臉盆有了裂痕或是倒放，下再大的雨也沒有用。

學習與我們的心是有一定的關係的。我們常常感覺自己在閱讀時不太能夠吸收、記憶，這是因為在閱讀的當下，心不知道跑到哪裡去了？心太散漫，當然就無法吸收；尤其是閱讀一些比較深奧的理論時，因為不太能夠消化它，心就更不容易安定下來。有些人遇到這種情況時，總是覺得自己很差勁，心裡想：「為什麼別人讀一遍就懂，我讀了那麼多遍，還是不懂呢？」不斷地用這種很消極的心態來打擊自己。

其實，每一個人的條件、因緣不一樣，可能別人具備的條件好一點，對佛法的理解比較強，所以在修行用功時，就有比較清楚的概念。如果自己的進度比別人慢，沒有關係的，不需要打擊自己的信心。只要你真正用功，一定能夠吸收到一些東西的。很多時候，你的工夫用不上去，不一定是不懂方法，也不一定是不夠用功。而是用功時，當妄念、掉舉的情況出現時，你就感到很自卑、消極，心想：「我的心這麼散，不能用功的啦！」你不斷地打擊自己，當然就沒有辦法把工夫用好了。

接受當下因緣

學佛修行，不需硬要把工夫往上推。如果你認為自己的工夫還沒有很好，不需要擔心，就繼續在目前的階段好好用功。修行是屬於內心的工夫，你只需要回到自己的狀況，依自己所具備的條件去用功，工夫自然會往上推的。

不管工夫用得好或不好，都要以一種歡喜心接受當下的因緣。為什麼呢？因為你當下所能夠掌握的因緣就是這樣。一旦接受了它，你就會用心觀察自己用不上力的原因，繼續用功；當力量慢慢凝聚了，工夫就自然用上去。所以，不管什麼情況出現，我們都要很清楚地知道，但不是去抗拒它。清楚地知道自己的狀況，是修學過程中很重要的一點。因為有時候我們被一些外緣或妄念拉走，工夫散掉了，仍然沒有察覺。

用功時，盡量專注在一個方法上，讓心安定下來。當工夫慢慢用上去了，很清楚地注意到呼吸的進出，看到自己在數的念頭，同時也很清楚地知道自己在用功，這就是「見境」，即心本身形成一個自體。這個自體並不是心的全部作用，而是它見到自己用功的境界。

這裡分析了依三種所緣而得三種自體。自體是指「心無亂相，名之為住」；即依三種所緣而得三種住。依外所緣得第一住相應——「定心者能見，於境無移念」，又稱為「見境」；依上所緣得第二住相應——「厭離心寂靜，專意無移念」，又稱為「專厭」；依內所緣得第三住相應——「於前境凝住，定意無移念」，又稱為「凝定」。用功不僅要厭下欣上，還要依這個「意言所現之境」來用功。

因此用功時，除了緣一個外在的方法，在自己的內心裡面，也要有一個影像。當工夫慢慢往內收攝，轉入到心裡，會形成內心一個影像。就如聞思的過程，先吸收、消化了外在的文字、義理以後，形成內心的一個影像或認知。當我們在思考時，它們會形成意念一部分的作用，影響我們的思惟。

當數息的工夫用得很好時，心是往內收攝的，而外境會一層一層地脫落。剛開始用功的階段，我們還會攀附一些外緣或是呼吸；慢慢地工夫內收了，它已經不是緣外在的呼吸，而是形成內心的一個影像，心就止在那個很抽象的境上。心依止於一境——「意言所現之境」而凝定，即是內所緣所產生的效果了。

調心歷程

我們從「所緣」的部分，就可以看到調心的過程，是依外所緣先攝心；進入內所緣時，就以心的影像做為安住的境界。其實，調心的過程已經連貫止觀的修習了。接下來，再說明依外所緣能夠「見境」，依上所緣能夠「專厭」，依內所緣能夠「凝定」，即產生心的自體作用。但是，在用功的過程中，心會經歷不同的層次，也就是接下來要講的「差別」——九住心。

心的層次——九住心

不管大乘或小乘的經典，都會談到九住心，但這部論只是把它的名相提出來。玄奘法師所翻譯的《瑜伽師地論》也談到九住心，不過翻譯的名相稍有不同，我在「簡表」裡已列出來供作參考。玄奘法師所譯的這些名相，在印順導師的《成佛之道》一書裡有引用。《六門教授習定論》是義淨三藏翻譯的，義淨將「九住心」翻譯為：最初住、正念住、覆審住、後別住、調柔住、寂靜住、降伏住、功用住、任運住。在論文裡，九住心的名相並沒有被直接提出來，只是將它的功能列出，即：堅執、正流、覆審、轉得、心歡喜、對治品、惑息除、加行、任運。

我們先看看這些名相，第一住是「最初住」（玄奘法師譯為「內住」），偈頌則提到堅執相。早期我帶禪七或教方法時，都會採用一些比較緊的方法來逼學生，要求他們要能夠注意到呼吸，提起專注的念頭。但是一逼，大家就緊張，一緊張即頭緊、胸部悶，身體各個部位都有問題。所以，我現在會讓大家先放鬆。這裡提到開始用功時，一定要堅持著方法。現代人的生活步伐太快了，如果一開始就要求大家堅持用方法，可能行不通。以前的農耕社會，生活節奏不會太緊，加上心思比較單純，所以用功時很容易提起力量。

很多人注意不到呼吸，或不知道如何專注時，就會用力而使肌肉緊繃，緊繃的部位有一個比較明顯的觸覺，他們就以那個「點」來用功。這裡告訴我們，在用功的第一階段，要稍微用一點力，但不是用身體的力量，而是依心力去注意自己的心，讓它專注。這就比如用一條繩子來綁住我們的心。未調伏的心，有如猴子一般蹦蹦跳跳，一定要用繩子把它拉回來。數的作用，就是幫助我們把念頭拉回到呼吸上；一旦數目字不見了，即是心跑掉了，我們一定要把心拉回來專注在呼吸上，這個階段就是「最初住」。堅持讓心專注、安住在呼吸上，這個過程需要一段很長的時間。如果數目字能夠數得非常清楚，沒有間斷，便是「正念住」（玄奘法師譯為「等住」），也就是進入正流，即「正念流注不斷」。

在用功的過程中，會有很多雜亂的念頭出現，造成干擾。覺知了這種情況，你要去審察那些干擾用功的念頭，再設法把心拉回到呼吸上，繼續專注在方法上，這個階段即是「覆審住」（玄奘法師譯為「安住」）。當心調得比較細，才容易察覺這種情況。開始用功時，雜念的力量比較強，很容易就把專注在呼吸的念頭拉走。當工夫用得比較穩定，雜念出現了，你察覺到它而能夠把工夫拉回來，即把工夫「轉得」過來，安放在方法上，繼續用功，這就是「後別住」（玄奘法師譯為「近住」）。

因為經歷了很雜亂的狀況，工夫轉回來後，會變得更穩定，心更加專注，所以很容易察覺妄念的生起，而能夠把心安止在方法上；當心陷入昏沉的狀況，也能夠即時把心念提起來。任何狀況出現時，都能夠即時對治，讓心安止在方法上，就會心生歡喜，這個階段便進入「調柔住」（玄奘法師譯為「調伏住」）。

但是，歡喜心很容易讓人產生染著——染著自己喜歡的境。你要即時察覺這個染著的心，再依「捨」——無染著的念頭來對治它，把歡喜、染著的心也捨掉，以無染的心來用功。把歡喜的心放下，不染著於它，心就能夠慢慢寂靜，這個階段就進入「寂靜住」（玄奘法師也譯為「寂靜住」）。

一般上開始用功的階段，我們會面對很粗的煩惱——掉舉與昏沉。當工夫調得比較好，這些粗重的煩惱（惑）就會消失了，不再出現。雖然還有很多微細的念頭在轉動，但是心不受影響，仍然安放在方法上。當心處於很沉的狀態，你的心仍然警覺到，工夫並不會受到干擾，這便是處於「降伏住」（玄奘法師譯為「最極寂靜」）。

當很微細的煩惱（惑）降伏了，你還是需要用一些力量，才能夠一直持續著工夫；若稍微放鬆，工夫就會散掉了。到了這個階段的工夫，稱為「功用住」，即你需要一直不斷地用功——加行，讓寂靜的心不會間斷而保持著（玄奘法師譯為「專注一趣」）。當工夫愈用愈純熟，直到可以不加任何的力量（無加行），它仍然持續一段很長的時間，即是達到「任運住」（玄奘法師譯為「等持」）。

從這些名相，我們看到從最初住到第九住好像是一個連貫的過程。其實，調心的過程並不完全是這樣的。我們可以把九住心分成不同的組別、不同的連貫，比如最初住與正念住可以是連貫的。初步用功時，會出現兩種情況——堅執及正流。因此，要設法把心拉回到方法上。剛開始可能會很不順，需要不斷地堅持把心拉回到方法上；漸漸地工夫用得順了，就入正流了。

「覆審住」與「後別住」也是有連貫的作用。工夫用上了，心還會亂嗎？會的。心亂的情況，是不是一定出現在第二住之後呢？一般實際用功的情況，從第二住會進入第三住，即使心被妄念拉走了，覺察後把心轉回到方法上，從「覆審」進入「轉得」以後，工夫會用得更好。

在用功的過程往往會出現一種情況，即當我們持續用功了一段時間，專注力會轉弱，這是因為工夫還沒有純熟，所以心不能夠一直保持在專注的狀態。因此，第三住（覆審）與第四住（轉得）可能會出現在任何階段，不一定是連貫在第二住之後；第三住與第四住也可以是連貫的。

「調柔住」與「無染著」都是屬於對治的功能。心散亂了，我們設法調轉它；當心調得更細、更柔時，會生起歡喜心，一旦歡喜心生起，很容易會對這個境界產生染著。所以覺察了以後，要以無染著的心對治它；漸漸地，心會進入「寂靜住」。

接下來，是「降伏住」與「功用住」。工夫用得相當穩時，一些「細」的煩惱（相對於一開始用功時，會出現很粗重的煩惱而言）會產生干擾，穩定的心能很快察覺而降伏它，即轉入「降伏住」。在這個階段，我們還是保持專注用功的心，讓心能夠持續在工夫上，無有間斷，便進入「功用住」了。當這些工夫都用得很好了，就進入一種「自然」用功的階段，即是「任運住」。若是依照《六妙門》的數息、隨息和止息的階段，可以看出心會經歷九住心的過程。

「九住心」有好幾種分析的方式。剛才是分析它的過程——從最初住、第二住，慢慢順序進入第九住。我們也可以依第一住和第二住，連貫成一對有關聯的過程。同樣的，第三住和第四住成一對，第五住和第六住成一對，第七住和第八住成一對，每一對之間又存有相互關係的連貫性。因此，在調心的過程會出現不同的情況。但也有人認為，從最初住到第九住就是調心的一個過程。

用功的程序

若說從最初住漸漸順序到第九住是調心的過程，當心到了第九住時，如果還不能夠真正進入比較深細的狀況，心沒有辦法保持自然不用力的工夫，它很快就會開始鬆散了。這時又得再從最初住開始慢慢調，這種說法是把調心的過程當作一個循環；一個循環過了，又是另一個循環。

若是依這種說法，開始用功的第一個循環，因為是從很粗的身心狀況開始調，所以需要比較長的時間；到了第二個循環時，由於是延續第一個循環的工夫，相對地工夫比較細了，即使屬於最初住的相，也不會很散亂。比如我們的心已經調得相當穩了，有一個階段進入任運住，即心能夠止在一個境上（這時察覺不到呼吸），忽然心受到干擾而動搖了；接著又察覺到呼吸，再回來第二個循環，這時心已不像開始用功的階段那麼散亂了。

實際上真正用功時，並不是每一個過程都是如此清楚、分明的。比如我們從開始數呼吸，直到能夠隨息、止息，注意力就是放在一個境（點）上。這個境可能在鼻端，也可能在人中的部分，或是意念裡一個很抽象的點，心就是安止在那個境上。一些外在境界的觸動，或是內心的念頭稍微動搖，都可能讓心轉粗，從止的狀態又察覺到呼吸。這時我們得又重新調，但很快就可以從數息、隨息而安止下來，不會像開始用功的第一個階段，需要花一段很長的時間才慢慢調和。即使受到一個很大的聲音干擾，也能很快再調到安止的狀況。

若以九住心的歷程來看，用功的過程是一個循環接一個循環，那麼第二個循環一定會比第一個循環的過程更順暢，即能夠更快進入止的狀態。但事實上，很少人可以在初步用功時就能夠調到九住心，大都只是在最初住與第二住兩邊跑。即一開始用功，就需要一直把心拉回到方法上，工夫稍微用得比較好了，又被妄念、昏沉拉走；察覺後再回到方法上，堅持著，一直守在方法上。

大部分的人都認為應該有一個循環——從最初住到第九住。不過，也有一些人認為用功到某一個階段，很多粗重的煩惱已經脫落了，很可能心在正流時就順流而住，依正念住一直保持著方法——加行用功，一直到進入任運住。這表示說，不一定會經歷第

三、四、五、六住的過程。

九住心是說明用功的一個過程，讓我們可以審察自己用功的不同階段，或是不同的狀況。它可以是一個循環，也可以有前後的一個階段。不同的用功情況，它也不一定會有前後相，即不一定會經歷每一個階段，尤其是用功到某個階段後，可能很多過程都不會出現了。

我們沒有辦法把心切成一段又一段，來說明它是處於哪一段？用功是一種體驗，是心的一種狀況。我們只能夠依一個比較明顯的現象來說明、分析，並不是說心住在最初住就應該如此，住在第二住又是怎樣；也不是從最初住跳進第二住，而是一個整體，是連貫的。

堅持用功，審察心念

每一回用功，我們還是從最初住開始。當工夫慢慢純熟、安住了，很可能前面的階段，或之前用功時曾經歷的種種干擾，不再出現了。就比如我們已經把數呼吸的方法用得很好，能夠察覺呼吸的進出、數的念頭和所數的數目字，這時可能會心生歡喜；歡喜心生起來，心就動搖了。

當你察覺：「我不可以染著這個境，染著就不能夠進步，我要把這個歡喜、染著的心捨掉。」你能夠把心調回到方法上，你的工夫會推前一步。又或許方法用得很專注時，會察覺到很多妄念出現；審察了以後，你不需要放下用功的方法，只是在專注方法的同時去審察。又或許暫時放下方法，去觀察妄念，分析它虛幻、無常、生滅的相。妄念很快過去了，你又可以把心調回到方法上；調整了以後，工夫會再往前推。也有一些人可以很快把方法用上，間中不會出現這種種狀況，能夠從最初住一直到加行用功，最後進入任運住。

我們可以用《六妙門》中數、隨、止的方法，來對比九住心。一開始數的階段，會有很多干擾；數了一段時間後，心會慢慢地安住，方法會用得比較好。這時，心會感覺輕安和喜悅，但你要把它們放下，持續專注在方法上；當數的念頭變得粗重，就可以進入隨息。一進入隨息時，因為數息的工夫還不穩，現在放下數目字，轉為注意呼吸的進出，所以需要稍加一些力量，否則專注的念頭很容易被拉走。當你察覺自己已經沒有在專注呼吸的進出時，就要把心再拉回到呼吸上。同樣的，一個接一個的狀況會出現；又或許只是出現某些狀況，並不一定九個狀況都會出現。隨息的階段，粗重的煩惱不會再出現，昏沉的現象也不會出現；當專注的工夫純熟了，就自然不用力而「滑」進去。

我們可以將九住心當作是開始用功到能夠安止的一個過程，過程中會出現不同的狀況。我們也可以將九住心的過程縮小，即每一次用功到工夫用上了，就是一個循環，接著再經歷第二個循環。每一個循環大致上都會有一些狀況，不管哪一種狀況，我們要能夠從這種種用功時會出現的不同的差別相，看出它們都是調心的過程。最重要的是，從這些不同的調和狀況中，可以幫助我們審察自己的心到底安止在什麼階段；接著需要採取什麼行動，或應該如何調整，讓工夫更進一步。

比如用功的心被妄念拉走了，你從心的差別相察覺了以後，無須抗拒妄念，反而需要去做一些審察；察覺了妄念，不須理會它，只是把心拉回到方法上，慢慢調回來。所以儘管工夫用得不穩，心很容易被妄念干擾；或妄念群比較粗，專注的心被干擾了，你都要去審察這些情況，即暫時放下方法，去審察這些妄念。當你知道它們的情況，也知道自己用功的狀況，你再把心從妄念拉回到方法上——轉得，你就進入「後別住」。

在用功的過程，一旦產生染著、歡喜的心，我們必須用「無染著」的心去調伏它，讓心轉入「寂靜住」。這些狀況都調和了以後，心就能夠繼續用功；當方法用得非常純熟時，它會自然進入另一個階段。有時候方法用得不錯，我們會稍微用力把它推上去，卻發現不一定能夠讓工夫往上推；相反的，需要讓它任運轉，即工夫自然純熟而轉入另一個階段。

九住心的說明，只是讓我們看到調心過程會出現不同的狀況。它可以是一個循環，也可以是不同階段的過程。明白了這個過程，用功時就能夠從中看出自己用功的層次，辨別自己調心的工夫。

真正精進用功的人，即使生病了，也還是撐著用功的。蓮池大師所編寫的《緇門崇行錄》裡有講述一些禪師，常常生病，仍然不肯躺在床上休養，堅持要坐起來用功。我們現在用功的情況，比起以前的祖師大德，真的相差太遠了！我們稍微用功一陣子，不是腳痛，就是昏沉，沒有辦法堅持，當然就沒有力量了。用功一定要堅持，才可能把工夫用上，到最後不須用力，工夫自然進入任運住。

自立用功

第三門（本依門）一開始就談到所緣，即用功時所依的對象。從外所緣、上所緣到內所緣，就產生了心的自體作用。在自體作用運作的過程中，又有種種的差別——心在調和的過程中，所出現的種種狀況。

作意的作用

接下來談四種作意，它們與前面的九住心有關聯。四種作意即：勵力荷負作意、有間荷負作意、有功用荷負作意、無功用荷負作意。在《大乘百法明門論》的「五遍行心所法」裡，有談到「作意」和「觸」。當根和境接觸了，就會產生了別的作用。比如我們將眼睛張開，根和境接觸了，最先出現的那一個剎那的作用，就是作意。所謂的「作意」，就是引起心的警覺，也因此引發了我們以往的經驗。當根接觸到境，引生了心的警覺——作意，「識」——了別的作用就生起來了。根、境、識三者和合的當下，「觸」就生起了。

如果我們一直保持對「觸」的察覺，「作意」就轉成「注意」了。觸的作用很重要，因為所有的了別、分別的作用，一定是依於觸而產生的。倘若根、境、識三者沒有和合，就不會產生觸，當然也就不會有種種分別作用的產生。

「五遍行心所法」是指作意、觸、受、想、思，這些心所法的作用並不是直線似的，它們是剎那生滅的，而且是相互依存的。「受」和「想」這兩個心所法就形成一個組合，均屬於五蘊之一；「作意」和「觸」則歸納在思心所法，屬於「行」蘊。若「行」蘊與心相應，稱為思心所；若「行」蘊是外在的，或是與色法相應的，稱為「行」——即流變的過程。行，包括了身行、語行、意行，這些都是與有情相應的一種造作。外在的種種法也是在「行」中，因為它們一直都是在流變的過程，所以才說「諸行無常」。

後期的唯識學在分析心理的種種現象——心所法時，將它分為五十一個心所法。除了五遍行心所的「受」和「想」有各別的蘊之外，其他四十九個心所法，雖然是不同類別，但都屬於思心所法。「受」是情緒的，「想」是屬於理性的，「思」則是意志的，屬於行動。一旦思心所被引動，心一定會有反應和行動；在反應和行動的當下，是結合了「受」和「想」。「受」是情緒，即種種苦樂，或不苦不樂，或大苦大樂的感受。雖然我們把「受」簡化為苦和樂，實際上真實的感受應該不只是如此而已。「想」即心所出現的種種相，我們會去分析它。

用功時，我們需要專注在所緣的一個境上，因此作意的作用很重要。作意有一種警覺、觀察的作用，能讓心趨向所緣的對象上；若作意的作用持續著，我們便能夠專注在方法上用功。很多時候，我們感覺自己的工夫用不上去，很可能是因為作意心所法的力量太弱了。

平時我們的心比較散漫，因為「作意」的作用分散到太多部分去了。比如同時作意在聽、作意在看、作意在吃，因此注意力不能集中在一個境上。作意的作用分散了，當然每一個部分都無法專注，只得到一些印象而已，也就沒有辦法很清楚而深入地了解它。心都被分散了，所以不能夠很專心地放在所緣的對象上。

我們平時的生活都習慣一心多用，比如看書的時候開著音樂，或套上耳機聽音樂，如此心很快就會被拉出去。平常如此散漫，一旦要把心拉回到方法上用功，讓作意的作用很有力量地安住在一個境上，是很不容易的。因為呼吸的作用，比我們平時所看到的種種外境更微細。看書時，書本所顯現出來的影像是很明顯的，我們把注意力放在書本上——一個比呼吸更粗顯的境上，很快就會被其他的外緣干擾而沒有辦法讀下去。你說：「既然讀不下書，那我就聽歌吧！」聽歌時，你真的把歌都聽進去了嗎？不一定！如果真的把歌聽進去，聽了兩、三遍以後，應該就會唱了吧！結果好像不會。你的心到底放在哪裡了？完全不知道！

四種作意

我們平時的心很散漫，一旦用功，要讓作意的作用專注在呼吸上——一個很細微的境上，需要很大的力量，這裡就提到第一種作意——「勵力荷負作意」。「勵力」是指要用上一種力量；「荷負」是能夠勝任，即當我們做一件事情時，能夠把它做得好。在用功的過程，因為有能夠勝任的作意引導我們專注，故能夠產生九住心——不同層次的安住。剛開始用功的階段，一定要有一種勉勵的力量，使心能安放在方法上。所以，用功的心一定要有力量。心若沒有力量，會有兩種情況：一是不能專注，二是不能主導散漫的心，沒有辦法提起方法用功。

通過佛法義理上的分析，我們懂得分辨善與惡，也知道應該多加強善法的力量。但是應該行善時，沒有力量行善；應該止惡時，也沒有力量制止它。心太散，不能夠專注，即是作意的心不能夠荷負。

心沒有力量，就很容易受到外境的誘惑、左右。當心經過訓練、有力量時，便能夠主宰了。應該做的、不應該做的，我們都會有力量依正法來判斷、抉擇，乃至實踐。雖然不一定真正趨向解脫，至少是與善法相應的。當惡念生起時，心若有力量，在察覺惡念後便能夠轉化它，而不是被它所轉，把我們帶入惡法。

有時行善並不一定是因為心在主導著，而是有一個外在的力量或是道德標準，使我們不敢越出那個範圍。比如我們不敢犯法，並不一定是不想，而是不敢！因為怕被法律制裁。有些人會犯法，是因為他們的心沒有力量，在沒有辦法克制的情況下，就越出那個範圍了。平時我們雖然沒有觸犯國家的法律，但若以佛法的道德標準來看，我們偶爾還是會犯法的。

在學佛的過程中，我們常會遇到這種心力不足的情況。通過修定、通過止觀法門的訓練，可以幫助我們讓心力不斷地提昇，而有足夠的力量來主導自己的行為，讓善法的力量不斷地增強。因此，在「最初住」的階段，要有「勵力」，即當心被妄念拉走時，要稍微用點力把它拉回來，直到它能夠勝任，持續安住在方法上用功。

第二種作意是「有間荷負作意」，即在用功的過程中，作意的心會出現間斷或是有隙。心專注在方法上時，偶爾會被其他的因緣影響而中斷，但作意的作用還是前後照應的。比如從第二住到第七住，工夫用上去了，專注的心安放在方法上，但偶爾會被妄念干擾，或是心染著外境。雖然作意的力量有中斷，如門縫的空隙，但是作意的心仍然連貫，工夫還是可以延續上去的。不像「最初住」的階段，心很容易被妄念拉走，需要很長一段時間，花很大的力量——「勵力」，才能夠把心拉回到方法上。工夫進入第二住以後，已經算是進入軌道——正流，所以偶爾的作意中斷，工夫還是一直延續著。

第三種作意是「有功用荷負作意」，等同進入第八住。此時雖然方法已經用得相當好，還是需要稍加一點力量，讓工夫持續著；直到進入第九住，即無須任何的力量，為第四種作意「無功用荷負作意」，工夫自然純熟而進入任運住了。

在用功的不同階段，心是處於不同的狀況，這裡以九住心來說明。能夠讓心進入不同的狀況，是因為有四種作意的作用。比如能夠讓心安住在第三住、第四住的作意，就是「有間荷負」的作意。能夠讓心安住在第八住的作意，就是「有功用荷負」的作意；到了第九住（任運住），就是「無功用荷負」的作意了。

在用功的過程中，一開始我們需要用力不斷地把心拉回到方法上，即是「勵力」的作意；直到方法用得比較穩了，即使偶爾被妄念干擾或染著於好境，但很快察覺，工夫又調回來，這是「有間」的作意。方法真正用得很好時，我們只需要加上一些力量，把注意力放在那個境上，就可以讓工夫持續著。就好像在隨息時，只要把注意力放在呼吸的進出就好，不需要很用力去推動它（有功用作意）。當工夫用得很純熟，你也不需要再用力去推動它，這時已經是任運了（無功用作意）。如果工夫能夠持續，它會轉入更深細的狀況，這些都是屬於調心的過程，我們一定要讓作意的作用持續不斷，才能夠讓心專注在方法上，轉入更深細的狀況。

對治心散亂

心在安住的過程中，會出現散亂的現象，《禪波羅蜜》也提到心散亂的現象，稱為「魔事」。當這些魔事——煩惱障、業障出現時，應該如何對治，在該書中的「內方便」有談到。但是，這部論卻沒有進一步提到應該如何對治，或是怎樣用功來清理它。

在止觀法門的教學裡，我們常常會忽略「心散亂」的問題，其實這個部分很重要。實際上方法的教導並不難，最不容易的是教了方法之後，在學生還不能夠獨立用功的階段，一旦身心出現種種的狀況時，老師如何提供幫助、引導，讓學生不會產生困惑而工夫停頓，能夠繼續前進，這才是教導禪修最主要的部分，也是最不容易進入的部分。對老師來說是這樣，對學生來說也是如此。

當你學會了方法，用功到某一個階段，就需要有自己的方法去應對在禪修的過程所出現的種種狀況。你可以從一些經論中找答案，或是從老師教導的一些原則去掌握，甚至可以依自己的經驗去應對、調和。在不斷用功的過程中，你會慢慢懂得如何去應對不同階段出現的各種狀況；到了這個階段，才算是能夠獨立用功。

老師再好、境界再高，他也沒有辦法幫助你入定，或使你達到開悟的境界。老師的責任，只是帶領你到自己能夠獨立用功的階段。如果過度依賴老師，認為有什麼問題，老師都能夠幫你解決，就永遠都不會進步。修行一定要回到自己，要能夠獨立用功。獨立，就是不需要別人督促你，自己懂得用功；也懂得從經論中，參考古人的智慧，去應對自己的問題。這是在修學的過程，應該注意到的情況。

這裡的散亂，是指比較散漫、掉舉的心，並不是指非常嚴重的散亂情形。我們平時打妄想時，會發現前念和後念之間是有連貫的。比如做夢時，是一個接一個的夢境，可以串成一個故事，或是好幾個故事，之間是有連貫的。如果散亂的現象很嚴重，那就涉及精神的問題。比如有些人講話，前一句與後一句是完全沒有連貫的，他們只是隨著念頭的轉動而講話，間中沒有任何的關聯，這是接近精神錯亂的情況。

在打坐用功的過程中，我們會失去注意的心，那就是散亂的現象。論文指出有五種心散亂：外心散亂、內心散亂、邪緣心散亂、麁（粗）重心散亂、作意心散亂，本章先說明前四種散亂的現象。第一種是「外心散亂」，比如使用數呼吸的方法時，是把心放在鼻端上，但卻被旁騖，即其他的事情分心，注意力就離開了所應該緣的境上。我們發現自己沒有辦法用上方法，往往就是因為心一直對很多外在的因緣感興趣而分心。比如當別人在講話時，或是有人從你身邊走過時，你會很好奇想知道發生什麼事情。這種被外緣干擾的現象是相當普遍的，大多數的人都會經歷，這就是「外心散亂」，即心已經被外在的現象拉走，離開了應該專注的呼吸。

第二種是「內心散亂」，講到掉舉、昏沉和味著。掉舉是指雜念，一個念頭接著另一個念頭，連自己也不知道到底在想什麼。之前有略略提到五蓋，其中之一是「掉悔蓋」。「掉」有身、口、意三方面，比如心很散漫，即是「意掉」；「口掉」就是喜歡講一些沒有營養的話；「身掉」是指身體的行為比較放逸。

如果我們常常有身、口、意這三方面的掉舉，在打坐用功時，心就會被妄念干擾，形成散亂的現象。例如在禪期間，原本掉舉只是一種散亂的現象，但是當你察覺自己的心很散亂，沒有把工夫用上，可能會很懊惱，心想：「完了，已經第三天了，我還沒有察覺到呼吸呢！」因為掉舉，導致心散亂；又因為心散亂，而無法安住在方法上，因此一直沒有辦法把工夫用好。如果持續這個樣子，到了禪期的最後一天，你可能還在懊惱：「早知道我用功一點，現在已經太遲了，明天就解七了！」因為掉舉而生起懊惱的心，對用功會形成一個很大的障礙。

昏沉是另一個對用功很大的干擾，很多人都會與昏沉打交道。昏沉的現象有很多種，有些是大昏沉，比如有人才坐下把腿盤好，想要用功的正念還來不及提起來，就已經睡著了。平時身體調得不好的人，打坐時也很容易疲累、昏沉。也有一些人因為不習慣密集課程的生活作息，也會在用功的某個階段產生昏沉的現象。

若是輕微的昏沉現象，一般上比較容易調。另外一種情況是業障深重，即癡心所特別強的人，只要一打坐用功，他就睡著了，但是處理其他的事情，就不會有這種昏沉的現象。這是一種障礙，這種障礙很難調，因為根本沒有辦法提起作意的作用，他的心已經沉下去了。遇到這種情況，就要改用別的方法了。一般上業障比較深重的人，要多拜佛。拜佛的方法有沒有效果呢？就要看你的用心了。很可能才拜了兩拜，就伏在地上睡著了。如果連平時拜佛也會拜到睡著的人，那他的心真的是很難調伏了。

心比較粗的人，若用止觀法門來調心，大概也不會很相應。如果他真的很想修學這個法門，卻碰到用不上工夫的情況，那就需要先用別的方法來調和了。掉舉、心散的情況，還是有辦法把心拉回來。一般上掉舉與貪、瞋的煩惱相應，而昏沉多是與癡心所的煩惱相應。如果貪、瞋的念頭太過強烈，即攀緣的情況比較明顯，念頭轉得特別快，便很不容易調。雖然不容易把心拉回來，但至少能夠提起作意的作用，還是可以提起正念，不斷地把心拉回到方法上。當然，這也是令人很苦惱的事，但至少比一打坐就昏沉的情況好多了。所以腿痛有時候也有好處，腿一痛，大概就不會昏沉了。雖然「外所緣」沒有提到依「痛」來用功，但是你可以嘗試，當腿痛時，緣痛的觸覺來用功，總比昏沉到整個身體都彎下來好。

另一個內心散亂的現象，是「味著」。「味」就是染著於某一個境界，比如打坐時嗅到一陣香味，你很喜歡這個香味，你就「味著」這個香了。工夫調得比較好，身心輕安，你就會「味著」——染著那個境界，這叫作味定。染著於某一個境界，心就停留在這個境界，將會失去覺照的作用，即心沒有繼續專注在方法上，這也是一種散亂的現象。

用功的過程，常常會出現散亂的情況。有時候心會被一些外在的現象拉走，即旁騖把專注的念頭轉過去了；有時候是妄念轉動很快，不知道到底在想什麼；有時候是昏沉，怎樣都提不起心來用功；有時候是工夫用得稍微好，卻染著於那個境界，使工夫無法再進步。

讓作意的力量持續

接下來，談到「邪緣心散亂」。這種比較嚴重一點，尋思親人、想念親愛的人，包括朋友，竟然變成是邪緣，為什麼這樣講呢？這個緣原本不算邪緣，但是它很容易讓心生起染著，使心離開方法。有些人對家人、親愛的人會特別牽掛，用功時就很容易出現他們的影像。如果這時沒有察覺，就會一直把心放在影像上，或產生種種有關的妄念，而忘了自己正在用功。

雖然這部論沒有提到對治散亂的方法，但是在「作意」的部分，它告訴我們：不管處於什麼狀況，都要提起作意的作用，讓作意的力量持續著，成為一種注意、觀照的作用。比如你要能夠察覺到昏沉的現象，到底是短暫的小昏沉或是大昏沉？你要注意它，觀照它的「相」；有時候，甚至可以為掉舉、妄念等散亂的情況命名。如果你能夠一直注意著這個昏沉現象，過一陣子，心就不會再昏沉下去了。睡覺時也是如此，如果你一直提醒自己：「我要睡覺了，注意！我要睡覺了。」這樣一來，你反而睡不著；如果沒有提起注意的心，也許很快就睡著了。

有時候，昏沉的現象只是一個過程，你不妨讓自己把注意力提起來，專注昏沉的現象。也許你的身心的確需要休息，你就好好地專注在昏沉上，讓它能夠過去。若昏沉的情況比較嚴重，你可以起來拜一拜佛或洗個臉，把注意力轉移了以後，昏沉的情況也許會好轉。如果昏沉的情況很嚴重，即使拜佛也沒有辦法；經行過後，一坐下來還是會想睡覺。該怎麼辦呢？可以用一些方法讓自己沒有辦法昏沉，比如在地面鋪一條毛巾跪著用功；跪了一陣子，膝蓋會感到疼痛，大概就不會昏沉了。但是跪著用功，只是一種對治方法而已，真正要能耐坐，還是要以盤腿的姿勢來用功的。

同樣的，如果你染著（味著）某一個境，也要提起作意的作用，去注意、察覺所染著的境是什麼？比如你很喜歡香味，嗅到香味了，你「味著」它，這時你要提醒自己，也可以為這個情況命名：「貪，貪著香味！貪，知道！」慢慢地，你就可以把這個散亂的現象放下，再回到方法上。

尋思親友時，常常會讓你放不下，因為關係太密切，因此在這裡被列為「邪緣」。有時並不是你刻意去思念家人、朋友，而是用功到了某一個階段，某一個人的影像會出現在你的妄念中，也許是你常常思念或懷恨的人，讓你無法安住在工夫上。如果在打坐中出現陌生人的臉孔，你也不要害怕，只需要生起一個慈悲的念頭，把修行的功德迴向給對方；往往動了慈悲的念頭以後，影像很快就會消失。不認識的人的影像會在用功時出現，一定是跟你有一些因緣的。心在調和的過程，會不斷地往更深細的內在沉澱，微細的心中所含藏的一些種子會現形。

即使觀到佛相現前，也還是不能夠染著於所現的佛相；察覺了以後，一定要回到方法上用功。有些人用功到了某一個階段，觀到佛相在定心中現前；若是持續專注方法，心會調得愈細、愈柔，佛的影像也愈清晰、明亮，那便是工夫用上了所出現的瑞相。雖然如此，你還是不能夠染著於這個好境；若持續把心安住在工夫上，當心調至更深細的狀態時，這個影像很可能就消失了。

還有一個情況是：有些人在用功的過程生起一種貪求的心，一心想看到佛相，很可能被一些鬼神知道了，就現佛相讓你看到，你就誤以為自己的境界很高深了。如果每一次用功都動了這種貪求的心，這些鬼神有他心通，會顯現佛相來滿足你的欲求。一旦這種情況出現時，你可以在察覺後不理會它，繼續守著方法；當心調得更深細時，這種影像會散去，因為更細的心境與這些鬼神的境界已經不相應了。一般上會出現這種情況，都是因為你先有了一個不正確的心態，希望能夠有所得；當這些鬼神滿足了你的欲求之後，而你沒有及時把心調回來，很可能會被它左右。

很多新興宗教的出現，都是因為教主與鬼神溝通和相應。有些提倡地藏菩薩法門的人，就很容易與一些大力鬼王相應；也有一些多財鬼有神通，可以讓你得到一些好處。以佛法的角度來看，這些「好處」往往變成我們對世間的一種欲求。有些人參加法會，並不是為了聽聞佛法，而是想得到感應，比如希望地藏菩薩可以幫他們消除業障。

所以有一些法師在法會過後，會拿香板打每一個信徒；信徒們都被打得很開心，認為法師代替菩薩加持他們，用打香板來替他們消業障。而這種「變相」的打香板，演變成好像是一種交易，法師打你一下，消了你的業障；你感激他，包了個紅包供養。從正法的角度來看，這會引導眾生趨向不正確的方向去，也會導致佛教原本清楚的面目被模糊了，我們要摒棄這種不如法、不正確的做法。

第四種散亂是「粗重心散亂」，這種散亂是直接從身心狀況引發的，比如腿痛、背痛等，即身體產生一種損的現象。很多人坐得腿痛時，就會心想：「怎麼還不敲引磬？要不要放腿呢？好，再多忍兩分鐘。」因為執著於「我」，當「我」的身體受到干擾，心就無法安住在方法上。同樣的，「樂受」有時也會讓我們失去定力。坐得很好時，我們很容易染著於輕安的覺受——味著，心當然就無法安住在方法上了。一般上樂的情況比較少，因為如果工夫用得好，心會調得柔一點，也就比較容易安住在當下的境上。

另外一種情況是：有時工夫用得好，會引動身體內部的氣，這也會形成一種干擾。一般上氣動時，身體在擺動的過程會感覺比較輕安。所以很多人會執著於那種很舒服的感覺，因而忘了自己正在用功，就無法再進步。通常身體比較虛弱的人，一旦調心用功，身體的自體治療作用就會產生氣動，讓身體通過氣的調和而調得比較好；身體調好了，才能夠讓心調得更細。

循序漸進

當作意的作用生起時，就是要讓心安住在所緣上；當心散亂的現象出現時，即表示心已經不在作意了。有時是掉舉、昏沉或是味著等內心的煩惱，干擾了用功的心；有時則是親屬、朋友等影像干擾，讓心無法安住在方法上；有時是在用功時，產生一些反應——快樂或痛苦的覺受；或是沉溺於氣動所產生的覺受，作意的作用因而轉移。這些都是心散亂的現象，是與作意的作用背道而馳的。

安住在所緣上

前一章談了五種「心散亂」的前四種，本章再談第五種散亂——「作意心散亂」。為什麼作意也會導致心散亂呢？當心專注在所緣上時，若出現散亂的現象，是因為我們對所緣過分地明察，違越事理法爾次第；或是失去正念。我們先從比較粗的現象來看，比如數呼吸。開始用功的階段，呼吸可能會稍微粗一點，如果把心收攝到鼻端，慢慢就可以注意到呼吸的進出了。偶爾專注的念頭會被妄念拉走，一旦察覺了，可以再把注意力放在鼻端。

有些人察覺不到呼吸時，就會讓眼睛很用力地注視鼻端，使得眼睛的肌肉被拉緊了！這不是正確的做法。《小止觀》中談到的「繫緣止」，即是把專注力放在身體的某個部位，比如專注髮際、眉心、肚臍、丹田等中心點，這些都是屬於對治的方法。即當我們要調和、對治某些不能夠用功的情況才使用，比如昏沉時，可以把注意力放在髮際或是眉心，讓心能夠提起來；當心活躍起來，就要把注意力放回鼻端用功。但實際上，我們很難把心繫（止）在這些部位，因為它們很不容易察覺。

專注在一個所緣上，原本是一種作意，但這種作意會引起心散亂的現象，因為你對所緣過分用力了。比如有些人為了要注意到呼吸，就會讓眼睛往內拉攝去注意鼻端，這會造成肌肉緊繃。碰到這種情況，你要放下這個方法，不能夠用眼睛去看鼻端，而只是把注意力輕輕放在鼻端就好。有些人誤以為「注意」是要用眼睛去看，其實注意是屬於意識的作用，並不是眼根、眼識的作用。比如你要觀一盞燈，看似眼根接觸色塵，但要能夠讓心保持專注，還是要靠意識的作用。

把注意力放在鼻端，是去注意呼出去的氣，因為它比較放鬆。吸氣則需要稍微用力把氣吸進來，所以會比較緊一點。我們採用比較鬆的方法，當氣吸進來時，讓它自然地吸，我們只是保持覺知；氣呼出去時，才配合數目字來數。身體正常的運作是呼出一口氣以後，它會自然地再把氣吸進來；吸滿了之後，它一定又會呼出去，我們不用加上任何意識的作用去控制它的進出。

呼吸原本就是「下意識」的作用，它會自然運作，就像心臟的跳動一樣。如果心臟要等我們去注意它才會跳動，那就很麻煩了。這些都是生理的本能作用，我們只需要隨順它，把注意力安放在鼻端去注意呼吸的進出就對了。所以察覺不到呼吸，很可能是因為呼吸比較微細，而心比較粗、比較散。有些人就會去控制呼吸，讓呼吸變得比較粗而容易察覺。當你習慣了控制呼吸，一旦放下這個控制，你的注意力沒有辦法持久地安放在呼吸上，當然就不能把工夫調細。

不味著好的境界

調息和調心的工夫是息息相關的。調心的工夫好，呼吸自然會轉細，反之亦然。有的人用功到了某個階段，自認為工夫很不錯，數息可以數得很順了，就以為可以轉入隨息。所以他會放下數目字，在有意無意之間用作意的力量去控制呼吸，讓呼吸變得更細、更長。可是到了某個階段，他忽然出現一個很大、很快的吸氣動作，這就表示在控制呼吸了。

吸進來的氣，原本是供應體內所需要的氧氣。如果控制呼吸，意圖讓它變得更微細，吸進來的氣相對地就少了。實際上身體內部所需要的氧氣，須視當下身體的狀況而定；如果吸進來的氣少於需求量，就表示體內的氧氣不足了。這時身體的自體反應就是忽然很快速地吸進一大口氣，以補充不足的氧氣。氧氣若不足，會干擾腦部，所以有人會因為氧氣不足而暈倒。這些都是屬於勵力作意的部分，只要你太過用力去作意，它就會形成散亂。很多人在用功的前面階段都會出現這些情況，要特別留意。

「作意心散亂」又分為三種，這裡先談第一種情況──「於所緣相分明而住」，它也會產生散亂的現象。它是在工夫調得比較細時才會注意到的，所以不要以為方法用得好，就不會發生這些狀況。很多人應該都有這種經驗：第一支香很專注，方法用得很好，就自然「滑入」另一個更深細的狀況。第二支香時，你就坐著等待那個境界出現。當有類同第一支香的狀況出現時，你會生起一個念頭：「唔！來了，差不多了。」你的念頭動得很粗，就會加上一些力量去推動它，希望工夫能夠更上一層樓。由於你有很多的妄念，又加上了一些「人工」的力量，這個原本比較深細的狀況就「消失」了。因為作意的力量太粗了，工夫才會打回原形。

剛開始方法用得很好，後來卻愈坐愈散亂，為什麼呢？因為一旦有好的境界出現，你就會染著──味著好的境界。好的境界還沒有出現，你就一直要把工夫往上推，在作意方面過量地施加一些壓力，結果呢？工夫又「掉」回來，你很不甘心，它就形成一種散亂的現象。

方法用到某個階段，調得比較順時，我們會希望它再往上一層——「厭下欣上」。但是，工夫是自然凝聚而轉入更深的境界，並不是自覺方法用得不錯了，就可以用力把工夫往上推，不能的！在用功的過程，當工夫還沒有凝聚足夠的力量時，一旦用力把工夫推上去，它一定會掉回到比較粗的狀況。

如果這種情況發生了，而你並沒有去檢討原因，只是在較量：「剛才那一支香可以坐得那麼好，為什麼這支香坐得不好？下一支香我要坐得更好！」愈是較量，刻意加工的成分愈多，即作意的力量愈過分，就更沒有辦法把工夫用上去；因為作意已形成障礙，把你的工夫「拉」下來了。因此，用功時並不是說你要工夫往上推，它就能夠推上去的。愈是如此，妄念愈多，工夫當然無法繼續凝聚，反而愈用愈散亂。

培養專注力

學習數呼吸的方法，一定要用得非常純熟。當感覺數的念頭很粗時，不要馬上放下它，還是繼續數，直到心很自然地專注在呼吸的進出時，數目字會自然地脫落。這時你要注意，數目字放下時，你的專注力是很穩定、很有力量地放在鼻端專注呼吸的進出，那才是真正轉入隨息。有些人數到某個階段，會自認為：「我已經數到沒有數目字，可以轉入隨息了。」沒有數目字並不一定是方法用得純熟，很可能是心已經被妄念拉走，忘記了數的念頭。一旦數的工夫用得愈好，基礎打得愈穩，工夫往上推的力量就愈強！

《六妙門》有談到數、隨、止的過程。當數息能夠數得很穩、很順時，就可進入隨息，這是工夫的一個進階。很多人會認為如果還停留在數息，就表示自己的工夫不夠好，所以數息法明明還沒有用得很好、很穩，卻急著進入隨息。這樣刻意地把工夫往上推，隨息的工夫並不是很穩的。隨息時，心應該是專注在呼吸的進出上；如果隨息的工夫不穩，很容易陷入一種類似無記的狀況。你並不清楚自己到底有沒有在用功，感覺有很多妄念，但是心還保持滿沉的，沒有散亂的現象，身體還調得挺直的，實際上這時你已經失去了警覺的作用，不是在用功了。這些情況的出現，都是因為太過刻意把工夫往上推。因此，工夫是不能夠太勉強推上去的，而要循序漸進。

數呼吸是一種攝心的方法，你不能以這個方法用得好不好，來衡量自己的境界深淺。每一個人的修行情況不同，沒有所謂誰比較高明。你的因緣條件比較好，當然用功時會用得比較順；如果你平時比較散漫，方法不能很快用上去，也是正常的。所以，你必須先學習把心攝住，讓它安住下來；依安住、沉靜的心思惟法義，往往會幫助你更深一層去體見法性。

每一個人都有某種程度的專注力，大多數的人都能依生活中的一些嗜好來培養更強的專注力。禪修能幫助人培養專注力，同時也幫助人打破某些慣性。比如我們的思惟很容易分歧，常常會從一個事物想到別的事物去。修止的方法可以訓練我們的心，讓心能夠收攝，思惟和分析更加敏銳，體會也會更深細。

如果你平時比較多心思，一會兒想這個、一會兒想那個，這是心容易被旁騖拉走的情況。在這樣的情況下用功，比較不容易用上方法，但你也不需要太焦急；愈是這樣，心愈容易緊張，就愈不能夠把方法用上去，而形成往下拉的惡性循環。

提起正念，保持覺照

因此，我們要回到自身，審察自己的條件，對自己的身心狀況有了一定的了解，用功時就可以借用這些狀況——平時的習性，幫助自己把方法用得更好。所以，習性可能會是一種障礙，也可以是助緣，就看我們如何看待它？

我們在作意時，一旦察覺到心散亂的情況，要立即捨掉它，提起正念，即安住在方法上，不需要去抗拒或生氣它。因為這些負面的情緒會讓心產生掉舉，形成更大的干擾，所以盡量保持客觀、中立的態度，只是捨下它，回到方法上，讓心安住就對了。

這裡雖然沒有直接談到如何對治心散亂的現象，但基本的原則是察覺了之後，要盡量回到方法上。同樣的，平時生活中也會有散亂的現象，我們可以審察當下的情況，看清楚是哪一個作用把心拉走了；了解情況之後，再把心拉回到正念上，盡量保持與正念相應，減少雜亂、邪惡的念頭。

有些人會以佛號、咒語，或重要的句子做為依止的正念，比如「照見五蘊皆空」就是一個很好的句子。每當察覺自己的心散漫時，就可以提起這句經文來做一些思惟、分析；依正法來思惟、分析，可以慢慢把散亂的心拉回來。如果念佛的工夫用得好，時時刻刻都可以把佛號提起來，心會比較容易與正念、正法相應。

心調得好，就可以看到九住心的狀況；調得不好，則會出現散亂的現象。因此，不管是平時的生活作息，或是在打坐用功，我們都要盡量保持覺照，時時刻刻與正念、正法相應。

各盡本分

在用功的過程中，當心散亂時，我們要能夠察覺當時的情況是怎麼一回事，然後把念頭拉回到方法上，即以正念來對治、調和。接下來，再談談「作意心散亂」的另外兩種散亂：「從此乘更趣餘乘」及「從此定更趣餘定」。

調整發心，無可厚非

初期大乘佛教對三乘的判攝，並沒有強烈的分別。在般若系統的經典裡，「聲聞地」和「緣覺地」都列在菩薩十地的階位裡，即把聲聞納在大乘裡。《法華經》雖然講「會三歸一」，但它的意思是要把眾生慢慢地帶到「一佛乘」去；即使是菩薩乘，最後也是要進入佛道。因此，修學佛法並沒有所謂高低或大小的分別。

但是，站在大乘佛教的角度來看，行菩薩道才是學佛最理想的發心。因此，作意心散亂的第二種情況——「從此乘更趣餘乘」，即從菩薩乘轉到聲聞乘，這就不理想了。如果你的作意有這種趨向，要調整過來，或是捨掉這個作意。

其實，學佛並不一定非行菩薩道不可，因為每一個人的因緣條件不盡相同。有些人開始學佛時，還不能夠直接從佛法裡得到什麼受用；經過一段日子的熏習以後，得到了受用，很可能會發大心要行菩薩道。但是發了心，並不表示永遠不會改變。在修學佛法的過程中，不同的階段，我們對佛法會有不同的體會。所以發心有所調整、改變，也是無可厚非的。

在很多經典裡，我們可以看到有許多菩薩，都是一個人做了很多事情。比如佛陀在修學菩薩道的過程，有時是國王、有時是猴王、有時是鹿王，都發揮了很大的影響力。實際上從現代社會結構的角度來看，菩薩道並不是一個人在做的；一個人做的事業，應該不屬於菩薩道，那只是個人的事業而已。菩薩道應該是一個整體的工作。比如現在有一些佛教團體做了很多佛教的工作，他們的組織很龐大，做事也很嚴密，並不是一、兩個人在做而已。也許有一、兩個人在領導上非常有能力，但真正發揮力量去做一些事情時，一定是下面的成員，而不是在上面領導的少數人。

前面談過，修行的終極目標是通往解脫道。在修學的過程中，我們就隨著自己的意願、條件和能力，以及環境的需求，能夠做多少就貢獻多少自己的力量。佛法的好處讓我們非常受用，希望能夠與更多人分享。但是，要如何將這些好東西布施給更多人呢？這就要看自己的願力有多大，以及自己的條件和素質了。比如你常閱讀佛書，對義理有一定程度的了解，就可以和別人分享佛法或寫出來；或辦一些比較專門的佛學講座，奉獻給更多人，這也是一種佛教的工作。有些人會說：「我的程度不夠好，不能夠講課。但是我很會掃地，可以把道場打理得乾乾淨淨。」這也是佛教的工作，不要以為掃地很簡單，有人可以掃地掃到開悟！

衡量自己的能力和長處之後，就可以從事一些自己可以勝任的工作。只要發心正確，你就努力去做，不需要計較結果會產生大或小的作用，應該在意的是：這樣做，是不是能夠發揮幫助眾生的功能？

在修學佛法的過程，如果你原先發大心，後來想迴大向小，也不是什麼問題。你年輕時，也許很熱誠，認為：「I believe I can!」一段時間以後，can後面多了一個「t」——「I can't!」什麼都可以做到才怪呢！

經論上強調說，迴小向大才是理想的方向。如果學佛一開始便發了大心，就要一直堅持下去；如果從原本的大心轉成個人的解脫就不理想了，要把這個作意的心捨掉。從佛法修學的角度來看，如果原本發解脫心，現在卻不想解脫，這當然是不理想。因為修行的終極目標應該是求解脫，所以需要再調整發心。你或許會說：「我現在才知道自己沒有能力做到。」沒有能力達到也沒有關係，目標還是要設立的。

學習提起，也要學習放下

我們要明白，一個人會進或退是很正常的，就像我們的情緒也會有上上下下一樣。例如你今天賺了很多錢，並不表示明天也一定會賺錢；你今天是大老闆，明天卻可能會被陷害而跌落谷底，甚至關進監牢。人生本來就是這麼一回事！事情已經發生了，我們要先面對它，才有辦法調整。

在修學佛法的過程，我們一定要激發自己不斷地上進，這是基本的原則。但是，我們不要期望明天一定會更好，如此，就會想要等待更好的明天快點來！明天是不是一定會更好呢？不一定的。

我們的心是由很多念頭組成的，而且不只是意念，還包括我們的業、煩惱，以及各種的造作——善法、惡法全部包含在內。我們並不知道在什麼時刻，哪一股力量比較強？當然，我們也控制不到它。當我們集中心力做某一件事情時，可以處理得很好，但不知道一些其他的因素可能已經同時在運作了。比如當我們緣「外所緣」用功時，它會形成「見境」的自體。但是，心的其他作用還是存在的，有些還潛伏著。當我們專注在工夫上，其他潛伏著的作用有了發展的空間，已經慢慢在操作了，而我們很可能沒有注意到它。

當一個社會處於很安定的時期，很可能某些地方就會出現一些不安定的因素。社會是由許多人組成的一個結構，不可能所有的人都有同樣的思想，做同樣的決定。所以有一句話說：「居安思危。」即使在很安定時，也要做好準備，因為危機還是存在的。

我們的心除非已經解脫，進入不退轉的階位，否則身為凡夫的我們，還是有滿多的煩惱。在用功的過程，要不斷地清理一個又一個的煩惱；但一些更深細的煩惱還是潛伏著。當我們專注在某一方面時，它很可能又偷偷冒出來。

前面談過修行要發願，每一個修學佛法的人，都應該發心通往「解脫」這個終極的目標。但是，這個終極的目標是不是能夠馬上達到呢？不能！所以我們要先設定可以做得到的短期目標，再慢慢朝向終極的目標去。

在從事一些佛教事業的過程裡，我們是否明白：自己為什麼要這樣做呢？這樣做是不是可以幫助自己趨向解脫？如果希望所從事的事業能夠幫助自己趨向解脫道，在過程中就要學習提起，也要學習放下；同時，也要學習不執著於認為所從事的事業是屬於自己的，因為集合了眾多的因緣條件，可以多做一些事情來增長自己的福德因緣和體驗，讓自己在佛法的修學上累積更豐富的經驗。如此，修行會更加有力量，也可以廣結更多的善緣，將佛法推得更廣。如果我們所有的行為都是與出離有關，離終極的目標——解脫，就愈來愈接近了。

別拿自己的尺衡量別人

現在的時代，與以前有所不同。以前，大致都認為一定要行菩薩道，才能成就佛道。現在，我們當然也可以發心要成就佛道。但是，在通達終極解脫的過程中，我們到底是偏向個人的解脫，或是在趨向終極目標的過程時，也能呼喚更多人一起朝向這個方向去呢？如果我們有能力，也願意這樣做，即使需要更長的時間，還是有願力去承擔，因為這項工作非常有意義。

如果到了某一個階段，你覺得需要靜下來多做一些自修的工夫，讓自己的力量增強，那也是很正常的情況。菩薩也要修禪定波羅蜜，也許會到深山用功修行，但是菩薩這種行為是為了眾生，「身雖遠離，心不遠離」，那是與菩提心相應的一種修持方式。

如果能從這樣的角度來反觀自己，當我們發了一個願，即給了自己一個比較明確的方向；同時，我們也要很清楚地知道自己所具備的條件、能夠為眾生服務的範圍在哪裡。在從事這些工作時，盡量避免一些偏見，就不會一直拿著自己的尺去衡量別人。

作意心散亂的第三種情況，是「從此定（初禪）更趣餘定（二禪）」。在初禪即將轉入二禪的階段，如果內心起了很微細的思惟去分辨定境的狀況，也會讓心產生散亂。但這裡並不認為是一種過失，只要能夠把這種微細的分辨心放下，安住在工夫上，就能夠調整散亂的情況。

不管出現哪一種散亂的現象，我們都要能夠察覺並認清當下的情況，才可能進一步調整。調整的基本原則就是提起正念，正念即是我們正在運用的方法；時時刻刻保持正念，就能夠讓心安住在所緣上。

心靈提昇

接下來，談「住資糧」。在第二門（依處門）中，有談到要累積種種的善根，以培養正見來幫助我們修行用功。「住資糧」已經是進入修道的階段，它告訴我們在生活中應該注意的部分，《小止觀》也有提到，如調和飲食、調和睡眠等。

善護諸根

第一種資糧是「善護諸根」，它屬於戒律的一部分，即所謂守護根門，它能夠幫助我們隔絕一些不必要的外緣。我們的心很容易被一些外緣牽走，而失去覺照。當五根接觸五塵時，若五塵比較單純，它引發內在的欲望情況就會少一點。

現今的社會複雜而開放，所以現代人的心比較散漫。以前的社會很少有的情況，比如商業發展、商品推銷等，現在都出現了；很多以前不可能出現的情況，如網路世界、電子遊戲等，現在也出現了。這種種現象都會刺激我們的感官，感官愈是受到刺激，反應愈是遲鈍，如此則需要更多、更大的刺激，引發我們不斷往外追求的欲望。

如果不好好守護根門，一旦接觸了種種複雜的外塵，我們的欲望將很容易被引發出來。從修道的角度來看，欲望的釋放不一定都是壞處；把欲望緊壓住，反而沒有辦法看清楚它。如果我們能夠看清楚狀況，就可以把它調轉過來，它就會過去了。比如到購物中心，看到許多東西可以選擇，很容易就引發購物的欲望。

當我們消耗了很多能量在這些物質欲望的追求上，心會很散漫，想要收攝散漫的心回到工夫上，是非常不容易的。但是，要完全隔離商業化的環境，恐怕也不太容易。我們能夠做到的是提高警覺，守護根門，不讓五根隨著外塵亂轉，同時盡量提起正念來攝心、安心。

第二種資糧是「飲食知量」，即調和飲食。吃東西時，舌根和鼻根容易受到欲望的影響，所以我們要盡量做到定時、定量，就能夠做到飲食知量。中國佛教的叢林有「食存五觀」，這是很重要的觀念，它提醒我們：吃飯只是為了保持身體健康，讓我們有精力修行。

如果每一餐在吃的當下都能夠如此觀照，吃飯時便能保持正念，知道吃飽就好，不會嘴饞心想：「菜餚太美味了，再多吃兩口。」用功時可能會消耗很多能量，我們的身體會做出適當的反應，可以多去注意、審察它；若是很餓，可以多吃一些以補充體力。

調和飲食與睡眠

接下來談到調和睡眠。睡眠的調和，是指睡眠的素質。我們要多注意睡眠的情況，比如生病時一定睡不好，生活節奏太緊張也會睡不好。有時在禪期中也會睡不好，也許是因為環境改變。其實，睡眠若真正調和，應該不會有環境改變的問題，能夠很快適應。有些人必須隨身帶自己的枕頭，才能夠睡得著，這是身體不太健康，或身心容易緊張。身心健康的人，根本不會有這種情況，一放鬆就睡著了。

再者，睡眠的時間也不是絕對的。有些人認為，一天睡八個小時才足夠；有些人則認為，身體愈健康，需要的睡眠時間就愈少，其實不一定。睡眠的時間長，能夠利用的時間就相對地減少了，那是一種損失。有些人會說：「既然這樣，那我就少睡一點。」睡眠的時間減少了，很可能大部分白天的時間都在昏沉，那會得不償失！倒不如好好地睡一覺，睡夠了就有精神用功。

經典上記載，佛陀在中夜睡覺——即晚上十點至凌晨兩點，也會在午飯後休息。一個身心健康的人，他的身體反應是很敏銳、清楚的，若需要睡眠，他會察覺到。這時躺下來休息或閉目養神一下，就能夠恢復精神了。如果是一個生病的人，可能就需要多睡覺，這也沒有什麼不對。實際上睡眠也是一種治療的方法，真正進入睡眠的狀態，身心可以完全放鬆而得到休息。這時，身體內的一些自體治療功能就會發揮作用。很多病人的病不一定是用藥治好的，而是身體的自療功能發揮作用，免疫功能加強了，身體自然會好起來。

但是，回到正修用功時，盡量不要讓睡眠占用太多時間。不過，如果真的很需要休息，卻還是硬撐，最後身體很可能會出狀況的。曾聽說有人參加佛七，由於一些課程規定一天要拜幾千拜，為了湊足拜佛的數量，晚上不睡覺，拚命地拜。結果解七時，就出現類似精神分裂的狀況。幸好後來遇到一位法師了解情況，要他去睡覺；睡了一段時間，醒來後就回復正常了。為什麼呢？因為睡眠不足時，內在的力量耗盡了，撐不住妄念，會出現幻覺。這時若能好好地睡一覺，就沒事了。

睡眠的調和，對身心健康或是修行而言，都是非常重要的。但是，沒有一個絕對的標準說應該睡多少小時才足夠。一般上六至八個小時的睡眠應該足夠了，偶爾有一些工作很消耗能量，也許就需要多睡一些，我們要懂得調和。另外，如果要能夠安定地睡，姿勢也很重要，比如右脅而臥，就不會壓迫到心臟；睡前也不要吃太飽，更不要做激烈的運動等，這些都能夠幫助我們安然入眠。

睡眠的調和與否，可以看到身體健康的狀況，飲食的調和也一樣。睡眠品質好，飲食節量，身體就會調和、健康，這對修行有一定的輔助。因此，睡眠和飲食的調和，在修定上是非常重要的。

覺照當下的動作

最後一種資糧，為「於四威儀中正念而住」。每一個時刻，我們要盡量讓行為、舉止與正念相應。禪修方法能幫助我們覺照每一個當下的動作，讓每個時刻都提起正知、正念，清楚地知道自己的每一個行為和動作。如果我們沒有察覺這些外在粗顯的行為，即表示失去了正念，沒有依正知而住，若要察覺內心更深細、多變的妄念，就更加不容易了。所以，日常生活中的行、住、坐、臥，時時刻刻都要依正知、正念而住。

有些修行方法把「資糧住」的部分放在前面，這部論則將它放在比較後面，在次序上好像已經進入正修的階段；甚至一些修行的狀況——「九住心」也出現了，才談到資糧。一般上修行一定會談到三學——戒、定、慧；戒行清淨，則資糧具備，這有助於在修定上得力。因此，戒行清淨（資糧住）大都是放在修道的前階。這部論把修行的資糧排列在比較後面，自有它的系統與需要。

雖然修道之前的資糧籌備很重要，但是在修習止觀時，把心安放在方法上更為關鍵。所以，生活上需要具備某些條件，最主要的是行為、舉止能與正知、正念相應；此外，也提醒我們要守護根門、飲食知量、睡眠調和等，讓行為、舉止清淨，與正法相應，有助於修定。

這些內容，多數在止觀法門的修學或禪定的教學裡，都會提到。雖然這部論與《小止觀》的內容在排列上有前後的不同，但在整體上可以看到有許多共同點，涵蓋的層面也有很多相似處。印順導師的《成佛之道》曾談到這些相關的內容，實際上只要是有關定慧的修持，或是比較專精的修行方法，都會有一些共同的內容。

不同禪修法門或許在方法的應用上很不同，但在一些內容上都會有共同點，比如修行所應該具備的基本條件，有很多是共通的。不過，我們需要對一些條件做適度的調整，以契合時代的需求。比如用功修行，只要能夠維持身體的溫飽就足夠了。但是，如果你到非洲跟當地人說：「來，大家來打坐用功。」他們可能會說：「給我們一些麵包更好！」他們連最基本的三餐溫飽都有問題，怎麼和他們講修行呢？他們可能會對你說：「修苦行，我的工夫比你高。我三天才吃一餐，你一天吃一餐算得了什麼！」如果一個人連最基本的生存條件都沒有解決，是無法和他談精神上的修為的。

有一些修苦行的人，在某種程度上好像在折磨自己的身體。但是，他們與非洲的饑民是不一樣的情況。他們不是因為沒有食物，而是在精神上提昇到某個層次以後，可以做到不吃或吃極少量。心靈的提昇，在某種程度上與物質的滿足有很密切的關係；物質條件具備了，才談得上心靈的提昇。現在有很多西方人紛紛尋求心靈的提昇，尤其是生活豐足的美國人，物質已不能夠滿足他們，所以轉向尋求心靈的提昇，比如到泰國、緬甸過物質條件非常差的生活，希望透過這種刻苦的方式來提昇靈修的境界。

雖然如此，在用功修行時，還是需要具備一些基本的條件，比如飲食和衣物；慶幸的是，不管在什麼地方，要具備這些條件並不會太困難。

層層深入

第三門（本依門）已經是進入用功的階段，它會有一些效果。第七小節的「出離果」，便談到用功所產生的一些效果。但它只是屬於第六門（得果門）的加行用功，還未真正進入止觀的修學。

要有欣上厭下的意願

真正進入止觀修學之前，我們需要具備一些條件，幫助自己在修行時能夠把工夫用得更好。比如密宗在修學之前，一定要先做四加行，因為它能夠產生一種力量，幫助行者在修持更深一層的工夫時能夠有所作為。同樣的，如果我們平時一點工夫也沒有，想要用功修行，很不容易。所以，條件的具備對修行而言是非常重要的。另外，學習的過程必須按部就班，急不來。有些人希望修行效果快點見效，反而會造成心散亂的現象。

沒有開悟之前，大家都是平常人；開悟了以後，也還是平常人。真正的聖者，不會四處告訴人：「我是聖人。」如果有人告訴你：「我是聖人！」你最好不要拜他為師，因為他太「神」了！平凡人如我們，靠近不了他的。真正開悟的聖者，生活是很平常的。佛陀的生活也是很平常的，他每天早上出去托缽，有時也不一定托得到食物，所以餓肚子是極平常的事。有沒有開悟，到底有什麼不同呢？在於他的心靈。他的心解脫了，能夠從所有的束縛、所有的苦惱中超脫。我們被種種的束縛、苦惱所綑綁而不得解脫，其實並沒有任何人綁住我們，是我們自己綁自己！

緣外境（外所緣）用功時，如果這個階段能夠把工夫用得很好，它的效果就是「得作意住」，表示作意的心能夠安住在所緣（方法）上。數呼吸是外所緣，如果每次上座，身體的姿勢調整好後，心便能夠安放在鼻端去注意呼吸、數呼吸，這是工夫用上去的情況，就會出現九住心的調心過程。這時，每一個作意都能夠發揮它的效果，心都能夠安住在當下的狀況；數呼吸可以數得很好，隨息時也能夠隨得很好，心都能夠安止在當下的一境上。如果沒有前面這些基本的工夫，要修止觀、入禪定就很不容易了。

緣上境（上所緣）是指若有一種欣上厭下的意願，用功時就會把工夫往上推，而能「得世清淨」。當你能夠把心安放在方法上，並不斷地讓禪修工夫進步，將會得到一種清淨和安定的效果。修習禪定需要有欣上厭下的心理，比如你在沒有真正用功修行之前，生活比較散漫；開始修行後，你會對之前散漫的生活產生一種厭離，希望心能夠安定、清淨下來。當你可以用上工夫時，就能夠遠離它了。

這種欣上厭下的心理，有不同的階段和層次。在用功攝心的過程，我們會察覺粗重的煩惱一定是最先放下、脫落的，那便是一種厭離。當心處於比較深細、專注的狀況時，對一些比較粗、比較雜染的境界會自然遠離。能夠放下一層的雜染，就會得到一層的清淨，在禪修效果上就可以「得世清淨」。

世間定可以證得四禪，它是一個很清淨的境界，但並沒有斷除煩惱；如果工夫沒有繼續保持，很可能煩惱、雜染又會出現。比如當我們遠離了城市的喧囂、緊張環境，心會比較清淨，用功時便能調得比較細；一旦回到忙碌的生活，心又會變得比較粗了。遠離了一層粗重的煩惱，就會得到一分的清淨，但這只是世間的清淨，還不是究竟的。

到了緣內境（內所緣）用功時，即已經進入觀照心的本質、心性的修行了。如果工夫用得很好，它的效果是「得出世淨」，但並不表示真正出世間，而是依這個方向一直用功，它會把你帶領到出世間法的修行。

真正菩薩道的修持

修行一定要先確定目標，也就是要朝向解脫的方向去。所以用功時，心是朝向正知、正見的方向，依真諦法而修，實踐中道法，最終證得解脫法。雖然我們不可能馬上就得到效果，或很快就能夠證入出世間的果報，還是要先設立這個方向。否則，我們很可能會以世間的某些利益做為修學的依據。

如果我們不能夠時時刻刻依正法來修行，那麼內所緣的效果——「得出世淨」，就不能夠發揮了。有些人用數呼吸的方法來練氣、練身體，若用得好，還是可以「得作意住」，但是工夫就一直停留，無法提昇。或者工夫持續了一段時間，對一些比較粗重的欲望可以放捨，卻不能夠產生趨向出世間的效果。這裡引導我們，從作意住提昇到世間淨，最後要朝向出世間淨。

在修行的過程，我們的發心和心態很重要，它常常會在關鍵的時刻發揮力量。如果我們發的是求解脫的出離心，即使從事世間的事業，它也能夠帶領我們趨向出世間。菩薩的偉大在於不管從事什麼工作，他必然是依出世間的般若智慧做為引導。即使他所示現的是世間相，由於內所緣的力量很強，他的心不染著於世間種種的相，所以能得到「出世淨」的效果。能夠達到無私，甚至能夠把「我」的執著放下，必然源自於其內心的修為。

當我們從事一些工作時，要不斷地提醒自己，以無常、無我、空、三輪體空的觀念來熏習，如此修行才會漸漸趨向出世間。很多時候，我們表面上看似做了很多佛教的事業，應該可以稱為菩薩了，但是我們卻把這些事業都當作是自己的，那就落回到人天道。所證的是世間淨，並不能夠引向出世間的效果。

即使已證得無生法忍，菩薩還是可以選擇不證涅槃，留惑潤生，長期在世間流轉以度化眾生。在流轉的過程中，他的心是非常清楚的；不論他所從事的是大事或小事，也不論他是偏向覺他抑或自覺的工作，因為內所緣的力量很深，他的心必然是遠離的，他所做的事一定是通往出世間的。

菩薩到深山修禪，表面上看起來是遠離眾生，實際上卻是為了眾生而修禪。他並不是遠離眾生，而是在精進用功的過程中能夠得到更深的體會。當他再次重返社會時，將能夠以更深的智慧、更廣的慈悲、更多的方便，去從事度化眾生的事業，這就是菩薩道的修持。菩薩的內所緣力量很強，他不斷以空無自性、無常、無我的真諦來熏習自己的心；從事任何一項工作時，都能夠把「我」放下，這樣的行持能夠引得出世間淨。當然，並不是在當下就能夠證得，而是在修行的過程慢慢導向出世間的。

我們在從事佛教工作時，若心無法遠離，還執著於種種的事業，就只是世間的善法而已。當然，從世俗的角度來看，能夠成就世間的善法已經很了不起了，因為世間的善法仍然需要很多人來成就。很可能他們也曾發菩提心，但內所緣的力量不足，所以在從事種種佛教事業時，很容易掉回世間善法。身為佛教徒，能夠依佛法的引導來從事種種的佛教工作，已經很不錯了；如果進一步內心（依法的熏習）也能夠達到出離，那就更理想了，這才是真正菩薩道的修持。

正面看待，疏解問題

雖然之前有談到修學時，不要急功近利，期望在很短的時間內就得到效益；但是如果我們真正用功，過程中的每一個階段自然都會有一些效果的。當然，這並不是我們刻意去追求的結果；一旦刻意去追求一些修行的利益，很容易就落入一種欲望而染著於它。不過，修行的過程中若能產生一些效果，肯定會讓我們對修學有更大的信心。其實，在每一次用功的過程中，都是在收攝我們的心，加強它的力量。如果能做一些審察和比較，會發現不用功時，心會散得比較快，而且要花更長的時間來收攝、安頓它。

有些人用功了以後，發現煩惱很多、妄念也很多，表示已經察覺到一些問題。在未用功之前，好像沒有這些問題；實際上如果完全沒有用功，根本就不知道問題的存在，並不是沒有問題。我們的內心，長期以來隱藏、壓抑著種種的煩惱。一旦依方法攝心用功，心調至某個程度時，這些被壓抑的煩惱就會顯現出來。工夫用得好的人都會經歷這個過程，心打開了一個出口，讓一些長期壓抑的情緒或不敢面對的問題，從那個出口「溜」出來。

如果從世俗的角度來看，這種發洩是一種失態。但是在禪堂，這是一種正常修道的過程，它並不是一件很可怕的事情。不過，原本就精神衰弱的人，一旦發洩後，如果心沒有辦法再收攝回來，就會發生問題。如果是一般的人，心收攝得比較細，作意也很強，當這種發洩的狀況出現時，能夠及時察覺它，慢慢把注意力拉回到方法上，便能轉化它。一些力量看似煩惱，如果能夠以善心所法、正法來淨化，它們就可以轉化成一種善心的作用。

當心調得比較深細時，一些潛伏著的煩惱或壓抑的問題，會顯現為一些有別於平常個性的行為。聽說有人參加禪修課程，用功一段時間後，顯現「餓鬼相」，一直想找東西吃。這是一種潛伏著的業的顯現，很可能他原本就喜歡吃東西，但是長期以來這個欲望都被壓抑著，不能隨心所欲地吃。當他的心調至某個階段，缺口打開時，這個欲望便壓不住了。這些業的顯現，正好讓自己知道問題的存在，要正面地看待、疏解它。

工夫是通過不斷地用功而累積的，也是一層一層地深入的。但即使用功了好一段時間，也可能看不到或感覺不到有什麼效果。什麼時候你會感覺到修行的效果呢？當你在生活中忽然遭受一些困境，或是一個很大的難題時，你能夠很快地提起警覺心，觀照力也比較敏銳，能夠分析而看清問題，進而產生一種內在的力量去應對它，這才是真正從禪修中得到受用。如果完全沒有攝心的工夫，你很可能會慌張失措，甚至崩潰。

修學禪修法門，並不是等待很明顯的效果出現了，我們才得到受用；而是在修學的過程中就可以得到一些受用，它屬於心靈上的提昇。比如遇到一些人事問題時，如果以一般世俗的心態去看待，很可能就會去對抗它而產生衝突，讓自己苦惱不已。修學用功以後，心量提昇了，便懂得安忍；同時有一股內攝的力量幫助我們分析、觀察，而能面對、轉化它。這是修行過程所得到的效果和受用。

唯識學或是部派佛教的一些論典，都有深度探討人的心理。但是，現代人的心更加複雜，這是因為我們現今所接觸到的外緣、我們的思惟方式和以往有很大的不同。我們將生活隔得支離破碎，每一個人或多或少都有一些精神困擾。所以進入禪堂用功時，我們忽略了練習用功的「那個人」是一個完整的人，並不只是修定的人。同樣的，修學時也不只是要修定的工夫，還要面對很多的妄念、很多的煩惱、很多的問題。

雖然我們盡量隔絕外緣，但是在修行的當下，不可能完全沒有妄念，也不可能沒有問題的。在禪修的過程中，若能不斷地用方法來攝心，讓覺照的作用更敏銳，如此就能夠去面對所發生的事情，再設法轉化它。這些都是修學中會得到的受用。

禪修不太可能完全沒有任何實際的效果，但是我們常常忽略在用功當下所得到的受用。打坐時，只要能夠應用方法來攝心，察覺到自己的妄念，便是用功的效果了。從妄念的顯現，我們可以察覺到問題的存在，也對自己一些長久以來壓抑的情緒，能夠看得更清楚。如果不是很大的問題，就不需要做太多的調整；反之，若會形成生活或修道上的障礙，就要設法調整它。

調整心態，提昇視野

在修學用功的過程，工夫會慢慢累積、加深，觀照力也會愈來愈敏銳。我們對世間某些價值的觀念，很可能因此而調整。一些我們認為最重要的東西，一旦觀照到它們是無常、無我的，就可以放下一些執著；很多問題，即使是面子問題，也開始懂得放下。以前很在乎的東西，現在覺得不需要浪費那麼多生命在那上面，可以輕鬆地放下。生命的價值觀會因而不斷地提昇、調整，以往所追求、執著的許多人和事，現在都可以放下，這就是修行的效果。

我們可以用一些方式來審察自己的修行工夫是否進步，比如寫日記，記錄打坐或禪修的心得；一段日子以後，就會發現有某種程度的進步。也許是攝心的工夫進步了，或是心變得比較沉穩了，又或是對一些事情的看法改變了，這其實就是不斷提昇修行工夫的效果。

我們不要刻意去追求一些效果，用功時盡量把心收攝、安住在方法上；不管是在數息、隨息或是止靜的階段，都只是把心安放在所緣上，並以無常、無我的真諦法來審察所觀的現象。不必理會效果如何，只管把工夫用好就是。一旦心態調正了，在不斷用功的過程，工夫就會慢慢地累積；即使我們不去追求，它的實際效果仍然會出現。就好像我們不斷地行善，不需要刻意去追求會得到什麼善報，也不要期望如果今生得不到，來生一定要得到善報。我們只是抱持著很簡單的心態行善，是從生命提昇的角度來看，而不是從利益上的獲得來衡量。如此的行善，心態上就很不同了。

菩薩道的修學也是如此。在不斷行善的過程，善的因緣會累積，善報也會很自然地顯現；即使沒有刻意去追求，它仍然會顯現。我們若能常常審察自己，會發現每一個階段的用功，都能夠在內心累積一分的力量，對事情的看法也會有一分的調整。這個心態上的調整，可以幫助我們提昇視野，凡事都能看得更遠、看得更透徹、看得更完整！

卷四

第四門

正依門

師資圓滿

第四門（正依門）是講圓滿，前面三門都是與修行的工夫有關係，即實際用功的一些條件、過程和狀況。「圓滿」，是指在用功的過程所需要具備的一些條件，這些條件並不是在用功時就已經圓滿具足了。而是如果還沒有圓滿具足這些條件，在修行的過程會幫助你達到這些條件。

勿以完美來衡量老師

這裡提到有三種圓滿：⑴師資圓滿，⑵所緣圓滿，⑶作意圓滿，它們的內容與聞、思、修的過程有關聯。在修學的過程中，我們要多親近善知識、多聞熏習、如理思惟、法隨法行；這三種圓滿，就涵蓋了其中三個部分。「師資圓滿」是親近善士，「所緣圓滿」即多聞熏習，「作意圓滿」即如理思惟。

真正圓滿的師資，應具備五德：多聞、見諦、善說、慈悲、歡喜心。我們親近的老師，有一、兩項圓滿，已經覺得很不錯了，五德圓滿的程度大概只有佛陀了。這裡所講的圓滿非常理想，但是一般上我們並沒有機會真正親近到一位圓滿的老師。所以親近師長時，我們要有正確的觀念。比如有一個人出生在緬甸的鄉村，在成長的過程中，沒有機會接觸到外面的世界，也沒有接受教育的熏陶；長大以後出了家，一心精進用功，工夫深厚，甚至已有悟境。你對他說：「太陽繞著地球轉。」他也許真的以為太陽繞著地球轉。在他的學習過程中，由於從來沒有接觸到科學領域，所以不一定知道相關的天文知識。

每個人都有他的長處，也會有一些弱點，但弱點不一定是缺點。比如有的人能夠領導一個組織，卻不一定能夠教學；有些人能夠講學，但不一定能夠帶領大眾。我們常常將一些理想，放在自己所崇拜或是親近的善知識身上。一旦看到老師沒有自己所想像的那樣，有一些缺點，就受不了！人的個性裡都會有一些缺點，即使是一位開悟的聖者，也不要期望從他身上看到很圓滿的境界。所謂的弱點，或許是個人的習氣。比如觀看電視時，看到師父竟然把腳放在椅子上，覺得沒有威儀。

我們從一些《高僧傳》裡，可以看到在描述一些高僧的事蹟時，都只提及他們好的一面，有些部分是不談的，因為中國人有「隱惡揚善」的習慣。對於已經去世的人也會有這種心理，盡量不提他的一些弱點，甚至連缺點也隻字不談，只提及他好的、善的一面，讓後人看不到他的不足或缺點。

西方人在這方面剛好相反。例如總統做了好事，通常不會被提及；一旦出了問題，就會被挖得很徹底，甚至拉下台。如果你親近一位老師，知道他有一些缺點，但是你在書寫他時，不會寫出他的缺點；即使老師去世了，你也不會書寫或批評他的種種問題。等到過了兩代的時間，他可能就成了一個很完美的人，因為大家看到的都是描述他好的一面。

當這種要求完美的心理出現時，我們就會拿心中的尺去衡量對方，心就容易不平衡了，因為我們沒有辦法找到很圓滿的人。當你對老師有所期望，而他不一定符合你的期望時，你對他就會產生矛盾了。你一方面很想親近他，跟他學習；另一方面又一直看到他的問題，挑他的毛病。最後會出現一個很極端的情況：崇拜老師的時候，就把他當偶像；一段日子過後，就會對老師有所期望，這個「期望」便是以一個很「圓滿」的尺度來衡量老師，一旦發現老師有哪些不圓滿、缺點，對他的觀點馬上轉變，而專挑老師的毛病。

如果這個老師很有修養，他會很清楚自己的優點和弱點，不會在乎別人的評論與攻擊。做為一個學生，應該以客觀的心態去看一位老師，不要太情緒化地攀附他，更不要把老師當偶像看待。比如唐代道宣律師撰寫的《高僧傳》，是依每位祖師大德所擅長的領域來分類。如果在義理方面非常有成就，造了幾部論，便歸為論師。至於他的禪修工夫好不好並不提，因為禪修不是他的專長。智者大師被歸為禪僧，因為他最大的貢獻就是整理出《禪波羅蜜》、《六妙門》和《摩訶止觀》等天台止觀法門的著作。從這裡可以看到，《高僧傳》的內容描述重點，主要放在祖師大德所擅長的部分，其他只略略提及或不提。

師生雙向互動，相應相契

當我們親近善知識時，要以客觀的態度來衡量，也要知道自己親近他，到底想跟他學習什麼？常言說「名師出高徒」，其實有時也很難說。很多了不起的師父身邊都沒有優秀的弟子，為什麼呢？因為這些弟子沒有一個有慧眼。要具有慧眼，才能夠「看出」真正的明師。很多人都喜歡跟隨「名師」或「名僧」，聽說哪位師父很出名，就去親近他。如此，一些真正有功力的師父，就不懂得去親近了。

因此，我們要有眼光判斷哪個老師值得親近；如果有機緣親近一位在各方面條件都圓滿具足的老師，當然是最理想的。但是，如果你與這位老師不相應，即使老師再好，你也是用不上力量的。即學生的條件和老師的條件也要有相應之處，所以「師資」就是老師和學生之間的相應相契，也是在學習的過程需要注意的地方。

老師與學生之間的關係應該是雙向的，但所謂的「雙向」，並不是對彼此的一種要求，而應該是一種觀察。當你觀察老師有某些長處值得學習，那你就留下來跟隨他學習。如果觀察到老師也有一些缺點，你就衡量自己的缺點是否比老師更多？這個老師是否還有一些地方值得你學習？所以親近善知識，要有一種正確、正面的心態。同樣的，老師對學生可能也會有一些要求，比如要求學生在學習上能夠不斷地進步。一個真正好的老師，在觀察學生之後，便可以施予適當的教導，讓學生能夠在他的能力範圍之內盡量發揮所長。

前面提到學生對老師也會有很多要求，以為：「這個老師很會講學，應該也很會領導，修養一定也很好。」把其他不同領域的優點全部往這個老師身上套，認為這樣才符合自己理想中的老師。如果你有這麼理想的老師，當然很好。反之，如果這個老師很會講學，你可以向他學習講學；另一個老師的修養很好，就學習他的修養。不要把其他老師的優點，硬套在某一位老師的身上。

為什麼有些人總是找不到一個學習的對象或老師？因為他們喜歡用這種方式來套人！如果有機緣找到一位很完美的老師，那當然最理想；但如果你本身的素養很差，你能夠學到什麼呢？所以學習是雙向的，這種雙向是一種觀察，不能夠變成一種苛求。

如果你觀察一個老師，覺得他很理想，就跟隨他學習。在學習的過程中，你一定會發現他有一些不足的地方，不是你學習的模範，你就放下。同樣的，老師觀察學生擅長某一方面，就讓他發揮；如果學生在某一方面有缺點，可以提醒他，讓他能夠調整、改進，而不是硬逼他非如何不可。

我們要以一種適當、正確的態度來親近善知識。同樣的，老師也要以適當、正確的態度來對待學生。若能如此，就可以在學習的過程中互相成長。有些老師認為自己已不需要再學習了，其實老師需要學習的地方還是很多。例如唐代趙州禪師八十高齡時，還到處行腳、參學，是一位非常偉大的禪師。人生是需要不斷地學習、成長，讓自己的心靈更加淨化。

修為和體驗，須從零開始

當學習到了某個階段，你感覺自己的力量不夠時，就需要做一些審察：為什麼力量會提不起來？自己有哪一方面不足？或許你只是著重在某方面的學習，而忽略了另一方面，當這個部分達到飽和時，它的力量就沒有辦法再提昇了。如果你能夠將學習的方向稍微調整，很可能在學習上又會有另一個轉機。

禪修也是如此。我們學會了方法，在應用過程中，還是會用其他的方法來輔助。比如在修習止觀的過程，我們不只用「止」，有時也會用「觀」的方法。如果在教理上掌握得比較好，它可以輔助打坐的工夫。當我們沒有辦法讓心安止下來時，可以先放鬆身心，把心轉向思惟法義，慢慢地心就能夠安定下來；當心凝聚了，就可以回到方法上繼續用功。

從師生雙向的關係，可以看出互相觀察的重要性。我們不一定要一輩子跟定一位老師，只要懂得方法了，就可以自立學習。同樣的，一位好老師必然是希望學生學習到某個階段時，能夠獨立用功。

但是一般的教學，比較重視在親近善知識。比如《小止觀》裡，講到具足善知識有三種：即外護善知識、同行善知識和教授善知識。如果一個道場具足了這三方面的善知識，學習上當然比較容易用上力量。《六門教授習定論》則比較強調師資的圓滿，而且要求非常高，但現在恐怕很難找到這麼優秀的善知識，所以不能夠要求太多。若要求太多，也要先要求自己有沒有符合這些條件？

我們經常有這種情況：要求別人很多，但自己卻不一定做得到。即使你的能力比老師更優秀，也不能要求老師要像你一樣優秀。比如你大學畢業後，進修了碩士、博士學位，再去探訪小學老師時，你的學歷可能樣樣都比他強了，但他畢竟是你的啟蒙老師，你應該尊敬他，而不是用自己的學歷，套在老師身上，這是不同的情況。

師資圓滿的第一個條件是「多聞」，即「善教圓滿」。一般上老師應該比學生多懂得一些知識，但不表示老師的素質一定比學生好。一個真正好的老師，當然應該是「多聞」的，即在佛法方面的修學和熏習比較充足和深刻。

每個人的條件、素養不一樣，際遇也都不同，這與科學的學習不同。科學是可以學習、累積的，但是拳術、藝術或者禪定工夫，則必須從自己做起、從零開始。即使你的老師經驗非常豐富，你也不可能從他身上得到什麼東西。科學的學習卻不同，你不必從零開始，因為前人的研究成果可以拿來應用。

但是，內在的修為和體驗卻不同。別人的經驗固然可以幫助我們減少摸索的路，但是要學到那一層工夫，還是得靠自己，從零開始。比如父親是一個品德非常高尚的人，兒子不見得就是一個好人；因為父親的品性、修養是無法傳給孩子的，只有財產可以留傳。

一個「多聞」的老師，可能在學習的過程提供我們很多指引，減少摸索的時間。但是摸索的過程，是一個非常重要的成長因緣。這種經驗若沒有親自走過，是不會明白，也不會懂得珍惜的。所以，人文方面的知識可以由前人傳授，精神領域的修為卻只能夠靠自己去實踐！

善巧引導，不生染著

師資圓滿的第二個條件是「見諦」，即「證悟圓滿」。見諦是一種內證的體驗。之前談過，有些老師的知識非常豐富，但是修養不一定很好，體驗也不一定很深、很豐富。也有些老師的修行體驗很深，義理名相方面的知識懂得不多，卻仍然見諦了。例如我們常看到的一個關於《金剛經》的故事。

唐代德山宣鑑禪師精通《金剛經》，當時中國北方的佛教比較重義理，南方則重實修。德山是北方人，一聽到南方禪法倡揚「直指人心，見性成佛」，認為是魔說，就背了自己註解的《金剛經青龍疏鈔》，想到南方破除邪說。

當他走到南方一個地方時，人很疲累，肚子也餓了。剛好有位老婆婆在賣點心，看到這個出家人很好奇，便問他背上扛的是什麼東西？德山回答：「是《金剛經》。」老婆婆很感興趣地問他：「我對《金剛經》有一個問題，想請教禪師。如果您答得對，就請您吃點心；答不對，點心也不賣您。」德山以為自己對《金剛經》已經倒背如流了，哪裡可能會不懂呢？

老婆婆即說：「《金剛經》裡面有一句：過去心不可得，現在心不可得，未來心不可得，您要點哪一個心呢？」結果德山竟沒有辦法回答。他的知識非常豐富，可是還沒有見諦的工夫，只好餓著肚子繼續上路。後來德山到龍潭跟隨崇信禪師修行，終於有所成就。他證悟之後，以棒打方式接引眾生，臨濟宗用「喝」，所以才有「棒喝」說法，即「德山棒，臨濟喝」。

實際上要找一個對佛法非常精通、修行也很深入，甚至見諦的人，是很不容易的。若根據這部論的要求，一個圓滿的師資不僅要有這些條件，還必須「善說」，即「善語圓滿」；也就是在說法時，能夠把自己所學習到的知識，包括親證的體驗，都能夠善巧地表達出來，或以文字傳達。

第四個圓滿的條件是「慈悲」，即「無染心圓滿」。比如老師可以慈悲地對待學生，但是不要染著於學生。同樣的，學生對老師也不要有所染著，一旦染著了，就會對對方有一些非分的要求而產生很多問題。又如父母也不可以染著於孩子，認為自己的孩子，可以對他施加壓力，事事一定要聽從。當孩子成長到某個階段，他已是一個獨立的個體，擁有完整的人格，應該給予適當地尊重。

佛陀在這方面做得非常好，任何一位弟子來請他指導，他都是施予平等的教學。平等的教學並不是說舍利弗來，佛陀就講：「諸法因緣生，諸法因緣滅。」周利槃陀伽來，佛陀也說：「諸法因緣生，諸法因緣滅。」這樣是不平等的教學。平等的教學是：什麼程度的學生，就根據他的程度來教導。所以，佛陀教周利槃陀伽掃地除塵垢。

因此，老師在教學的過程裡，一定是依學生的程度來指導，讓學生能夠不斷地進步。因為佛陀對弟子沒有染著，所以能夠清楚了解弟子的長處和根機（一個人的根機與趨向解脫有很密切的關係），善巧引導，讓弟子依自己的層次不斷向上提昇，最終開悟見性，趨向解脫。

佛陀的教學，充滿了慈悲和善巧。如果學生是因為崇拜老師而來親近他，就會覺得這個老師樣樣都好而染著於老師，如此便會產生極端、不健康的心理。一旦發現老師有一些行為舉止不符合自己的要求時，就會對老師感到失望。這是因為學生有染著，所以不能夠以平常心看待老師。

不要成為老師的影子

師資圓滿的第五個條件是「歡喜心」，即「相續說法加行圓滿」，也就是說法時很歡喜，同時不倦、不厭。很多人都喜歡教導別人，所以要做到「樂說」並不難。有些人讀了一些哲學書籍，滿腦子的理論，只要有機會就會大談闊論，也不理會別人是否願意聽，自己渾然忘我，講得很開心！

但是要做到說法不倦，就不容易了。有些老師教書久了會感到很疲累，因為每年都在重複教導一樣的東西。實際上即使講的是同樣內容，但每一年的學生都不同，老師若能用不同的方法或從不同的角度來教授，就會形成新的因緣了。以這樣一種比較活潑、當機的心態來教學，就不會覺得厭倦了。

這部論認為一個很理想的老師，應該具備這五德。其實，一個理想的老師或多或少都會具備這五德，也許他在某方面比較強，另一方面比較弱。至於這個老師是不是擅於組織、領導，就不包括在師資圓滿的條件裡。明白這一點，當我們親近善知識時，是親近他的多聞，或是親近他對法的體證；或是老師很慈悲、很有修養，讓人感覺親和等。因為要達到五德都圓滿，是很不容易的。除了佛陀，大概也找不到幾個如此完美的善知識。

這裡所講的師資圓滿具足的五德，只是一個準則。當我們親近一位善知識時，不一定要拿這個標準來要求老師，而是以這個準則做為一種觀察，觀察老師有哪一方面是可以讓自己學習的。當我們把這個範圍放得更廣時，就可以用一種新的學習態度：只要這個老師有什麼長處是自己欠缺的，就可以親近，跟他學習。但是，我們從老師身上所學習到的東西一定不是他的體驗、涵養，因為我們所具備的條件與老師不一定完全一樣。所以，必須再經過消化、融會，才能成為自己的體會。

齊白石曾經對一個很親近他的學生說：「你學我的話，會有所成就；你若模仿我，就只是像我而已。」齊白石的幾個兒子所畫的畫都像他，反而他的一些學生，因為是學習老師的精神、內涵，所以都有比較高的成就。如果我們模仿老師，就只是老師的影子而已！因此，我們要學習老師的優點，再融合自己的體會，展現出來的才會是「活」的禪法。

我們要記住：學習，只是學習老師的優點，還是得回到自己本身去消化、貫通，不能樣樣模仿、依賴老師。

寂因作意

第二個圓滿，是「所緣圓滿」。所緣，是指我們所依的教理或所依的方法。它需要具備三種相，方稱為圓滿，即：(1)盡量，(2)如理，(3)明了。

掌握完整的方法

所緣圓滿的第一種相是「盡量」。比如你去參加一項禪修課程，當你學會了方法以後，還是有一些部分需要慢慢調整。除此，對於自己所用的方法的步驟、次序等也要清楚地掌握，才算是一個完整的「盡量」的方法。所以在學習上，不管是禪修方法或是佛教義理，一定要盡量完整地學習它的內容，這才稱為在所緣上達到「盡量」。

很多學佛的人，常常會碰到許多實踐上的難題。這種情況會出現，很可能是因為在學習上不夠完整，所以無法很透徹地掌握所有的內容，實踐上當然就不能夠很好地發揮。印順導師的《佛法概論》，有一個很完整的系統。他把法的意義分成三個領域來說明：文義法、意境法、歸依法；其中，歸依法又分為真諦法、中道法和解脫法。

意境法的內容就是我們現實生活的狀況，雜染和清淨皆包含在內。在程序上，我們先要通過文義法去理解法義，接著是通過意識的認知作用去了解意境法的內容。如果前面這些內容很清楚地掌握，才進入歸依法；歸依法裡的真諦法很好地掌握了，才進入實踐的中道法，就能證得解脫法的解脫。如果你還沒有很好地掌握正見、正志，如何實踐正語、正業、正命等戒行？接下來修定時，怎麼去發慧呢？

我們在學習上常常是不完整的，東學一點、西學一些。比如看佛書，也是沒有系統地看。今天看觀音感應的故事，明天看《金剛經》，後天又看別的，沒有頭緒地看書，當然不可能有一個很完整的概念。初學佛時，一定要先看入門的書，即基礎佛學的書。為什麼呢？因為這些書有解釋名相，也會有一個很清楚的系統、脈絡。你先了解這些名相，再去掌握整個系統和脈絡，就可以得到一個完整性的概念。這時才進入比較深的部分，比如讀《金剛經》，你慢慢就能讀得通了。

很多人的心態很奇怪，學佛才半年，就急著要了解《金剛經》的義理。比如有個人問師父：「『應無所住而生其心』是什麼意思？」怎樣跟他解釋呢？無從解釋！師父要他先找一些入門的書好好地讀，三年之後再來問這個問題。他卻說：「我不要等那麼久，你只要用一個小時的時間告訴我就好了。」怎麼說呢？你必須先了解五蘊法，五蘊即生命的個體；進一步知道生死是怎麼一回事，以及四聖諦：苦、集、滅、道的因果關係，才能真正明白「應無所住而生其心」的義理。如果不清楚這些，即使師父在一個小時內全部講完，你有可能聽得懂嗎？聽不懂的！

我們看到很多學佛的人都有一種情況，動不動就說要「觀身不淨」。不了解五蘊和合的生命個體（根身），怎麼去觀它不淨呢？我們必須回到現實生活去觀察，這些都包含在意境法的內容裡面。意境法是最現實的，它包括意識所能夠緣的所有範圍——外在的五塵，還有器世間，也包括了我們的內心所產生的種種作用；更深一層，還包括了心所法和心識的作用。這其中有清淨的作用，也有雜染的作用。我們現在是處在雜染的環境之下，當明白這個情況，也知道內心有善心所法，就要懂得去發揮它。同時，我們也要清楚內心雜染的部分與善根清淨的部分，其實是分不開的。

貪與無貪，你要怎樣去分開呢？沒有貪，怎麼知道無貪？同樣的，沒有無貪，就看不出什麼是貪？貪與無貪的關係，是相互依存的。當你知道生起這類的念頭是「貪」，如果能夠及時以相反的角度來看，很可能生起的就是「無貪」的心了。所以，從「貪」到「無貪」是一種心念的轉化。不要以為把「貪」的念頭壓抑或捨掉，就變成「無貪」了，它們之間實是一種轉化的過程。當我們對法義有很完整的了解，才能夠清楚地看到自己的問題在哪裡，才可能去轉化它。

依聖道之徑修行

所緣圓滿的第二個相是「如理」，即所謂的「事待理成」。每一個現象的出現，不管它怎樣運作，必有它存在的理則。通過不斷地觀察，我們可以從事相上調理出一個理則，事相和理則才能夠連貫起來。

我們對所緣的內容，除了要能夠做到「盡量」、「如理」之外，也要能夠「明了」，也就是很清楚地明白一切事相所依據的理則，這樣才算是「所緣圓滿」。但最為重要的是，要回到內所緣，對理則的掌握要非常清楚、透徹和完整。同樣的，我們對所掌握的內容，是否可以從中調理出它的必然理則？這些都是非常重要的。比如從文義法了解到意境法；再從意境法的觀察過程中，理出真諦法；依於真諦法，就能清楚目標和方向在哪裡，也知道應該怎樣去實踐中道法，最終成就解脫法。

從意境法的觀察過程中，慢慢理出緣起的道理；依緣起的法則去解釋意境法時，它就含有一些雜染的部分。一旦依真諦法而進入修行，就屬於聖道，即屬於清淨的部分。很多人不清楚自己的身心含有雜染的作用，所以認為進入禪堂用功，應該沒有妄念。但是由於平時沒有用功，不會覺察到自己有很多妄念，當進入禪堂用功，發現有很多妄念時，內心就生起許多困惑。這是因為不了解意境法的內容，不明白內心含有雜染和清淨的作用，所以用功時，會因妄念、煩惱的出現而產生困擾。

如果我們學會了止觀的修習方法，對所緣的方法和法義的內容，能夠做到「盡量」、「如理」和「明了」，就可以依這個理則做為觀想的內容，慢慢便能夠朝出世間的方向去。依聖道之徑修行，必然趨向出世間去。但是在修行的過程中，內心雜染的作用還是存在的。我們能夠察覺到的種種現象，儘管是雜染的成分多，明了這是每一個生命個體都會引發的作用，不排斥、抗拒而能接受它，同時調整心念，這就是一種轉化、提昇了。如此，整個修學的信心和方向便能夠建立起來，心也會漸漸趨向淨化了。

如果你一開始就把現實的生活與修道的生活分開，一旦動了一個惡念，會很驚訝自己怎會這麼骯髒，心想：「我不可以這樣，一定要徹底清淨才行。」於是就用種種方法來約束自己。一些惡念生起來時，你沒有去觀察它們為什麼會生起來，又不懂得以正念來取代它們，只是壓抑它們，最後將會造成自己不平衡。

在修學上，「所緣圓滿」是一個很重要的啟示。因此，我們對於所緣的方法、道理和內容，要能夠很完整而清楚地了解。具足了所緣圓滿的三個要點（三相），修學才能夠真正趨向出世間。

轉理論為內在的體會

實際用功時，最重要的工夫是在「作意」，即專注的工夫。要達到作意圓滿，就談到「寂因作意」，早期稱為「如理作意」，意思為：依能觀的心去觀一個外在的理則，直到能觀的作用（心）與所觀的理產生統一，乃至相泯。

一般上開始用功時是依外所緣，即依一個外在的方法來幫助我們攝心。但是，最重要的工夫是從外所緣轉到內所緣，即依內在所生起的「意言」做觀照、觀想。這個「意言」並不是無緣無故生起的，也不是隨意而有的，它必須是有所依據而生的。我們聽聞正法時，不只是義理上的吸收，還要進一步做到如理思惟，形成內心一個作意的作用。剛開始，是依外在的因緣——語言、文字，慢慢熏習、思惟而轉化為內在的一種語言——意言。瑜伽行派很重視作意，認為依作意而修，方能有專注的工夫，而完成轉依的過程——轉識成智。

修行的終極目標為涅槃、解脫，要達到這個目標，必然要有其因緣；因為是心要涅槃，故最主要的因緣一定是內在的。瑜伽行派非常重視多聞熏習，從如理作意的角度來看，這個理是一個客觀存在的理則。當我們依這個理則相應的方式作意，即依清淨法界做為思惟、觀照；經過長期不斷地熏習、思惟，我們能夠把清淨法界所流布的語言、文字，轉化為內在的意言；再依內在的意言提起作意修行，就可以通往涅槃、解脫。

這個說法，說明內在的意言能夠引生，是因為經過不斷熏習的力量，把外在、客觀的理轉化為內在的境（意言）。但是，這同時又產生另一個問題：心本身到底有沒有這個作用？從「寂因作意」的角度來看，心本身就含有寂因作意的功能，因為寂滅的因是不可能依外而有的，也不可能依清淨法界熏習而得的。實際上心是合乎於法性的，既然法是無我、空的，心也是無我、空的。既然如此，心本身就具有寂因的作用，它就含有證入空、無我的功能。

「寂因作意」的說法，比較著重於心和理的一種相呼應。即是說，心本身就含有無我、空的理則，合乎這個理則的運作，以及印證這個理則的功能。雖然心含有這個功能，但我們並不知道，因為內心有種種的煩惱、妄念。在修行的過程，我們依清淨法來達到熏習的作用，當我們往內觀照時，會發現內在含有清淨的功能。作意是能觀的作用，所觀的是寂因——寂滅之因。

若是從「如理作意」的角度來看，所觀的是一個外在的理則。寂因作意就比較偏重心本身即含有這個理的功能。如果明白作意的作用，就能夠依它來修行；要達到作意圓滿，內心要能夠依空、無我的道理來觀。離開了無我、空做為依據，所做的觀想不可能得到出世間的聖果。

依外所緣或上所緣而修，最多只能夠得到世間的清淨；若要證得涅槃的出世間聖果，一定要依內所緣而修。當我們依語言、文字做思惟，能夠觀察到語言、文字本身是無自性的，寂因作意也是無自性的，所以能觀和所觀的作用都是相對而有，都是空的。

第二門（依處門）提到要多做思惟、熏習。如果只是在理上了解，便會停留在語言、文字的理解而已。佛法所講的空、無我，學佛的人大概都知道這些道理，甚至會拿來做藉口。比如發生一些不愉快的事情，不敢去面對時，就會逃避地說：「一切都是空的、無我的，沒有關係啦！」如此，這些理則便只是停留在語言、文字，並沒有真正轉化為意言，你就不能夠依它們做為內所緣的作意。

我們在打坐用功時，偶爾也會提起這個理則來觀，比如腿痛時就在想：「腿痛是空的、是無我的；它只是局部而已，會過去的……。」你一直在「觀想」，但是腿依然痛，心還是受不了！為什麼呢？因為你所謂的「觀」，只是在字義上知道，並沒有真正地理解、體會而進入內心。

深透心的本性

我們對空、無常、無我的理解並不夠。很多時候，我們口講「無常」，心裡浮現的很可能只是「無常」兩個字而已；它還是外在的，並沒有轉化為內在的思惟作用。我們一定要通過前面階段的思惟過程，乃至學習禪定的法門來攝心，再進一步去觀察、觀照，慢慢把外在的理解轉化為內在的意言。

在觀照時，我們是依意境法而觀。如果也理解到真諦法，它們兩者就能夠貫通起來了。辟支佛的獨覺過程就是一個例子。他某天看到一片落葉飄下來時，就開悟了。落葉是一個外在的境，他看到落葉飄下，當下就悟入無常、無我的理。他的內心一定對世間真諦的理解非常深透，因而可以依世間某些現象的觸動就證入了。

我們對無常、空、無我的真諦只是停留在字面的了解而已，很少會依外在的種種事相去印證無常、無我的道理；即使能夠印證到外在的現象是依於無常、無我的理則在運作，我們的熏習或作意的作用還是不夠透徹。所以，我們要更進一步去觀察內在的活動，包括內心意言、內心作意的作用，看出這些也是空的、無我的。

我們必須透徹地體會到一切的事相，包括外在的，乃至內心一切活動都是依無我、空的理則運作，心才能夠產生轉化。這時，我們的意識才能夠轉化為一切智，才可能依空、無我的理則來觀照一切。有了這種作意和思惟的作用，修行才能趨向解脫。但是，要能夠在內心真真切切地理解無我、空的道理，需要經過相當長的修學，這些都屬於第一門至第三門的內容。

第四門談到圓滿的情況。如果我們對義理能夠很透徹、如理地了解和掌握，就可以進一步將它轉化為內所緣的作意，依意言而形成的寂因作意起觀想、觀照，就能夠證到寂滅的果。

當心不斷地往內收攝，深細、專注的心就能夠觀到更微細的生滅過程；從這種瞬息變化的生滅過程，就能夠了解到無常的道理。一般上我們所了解的無常，都是外在一些比較明顯的現象。實際上無常是每一個剎那的變化作用，但是我們不容易審察到這麼微細的作用，因為心太粗了。當我們放下所有的外緣投入用功，很專注地觀呼吸的進出，慢慢就可以從一個比較粗顯的生滅，觀到許多微細的生滅。如果再進一步去觀這些生生滅滅的過程，就可以領悟到無常的法則了。

若進一步分析：生滅的過程為什麼會產生呢？因為每一個現象都不是單獨存在的，它一定是組合而成的作用。一個呼吸的吸進來和呼出去，看起來很簡單，若仔細去分析、觀察，會發現一個看似很簡單的動作，實際上牽涉了無數的組合和許多的動作（包括肺部的擴張和收縮、肺部肌肉的運動，還有橫膈膜的運動等）。這說明了每一個現象的產生，並不只是一個單純的功能和作用，它是組合了無數的作用才顯現的。

如果再繼續深入探索，為什麼身體需要呼吸呢？因為需要氧氣來燃燒以產生能量，身體才能活動。順此不斷地觀下去，就會發現一個很簡單的動作，牽涉了許許多多其他的因緣。如果以比較感性的詞語來說，就是從一粒沙看到一個世界了。從看到一粒沙一直追究下去，你會發現一粒小小的沙子，就牽涉了許多大大小小的因緣。所以，沒有任何一個事物是單獨存在的，沒有任何一樣東西是有實體的，也沒有任何一件現象是永遠不變的。

第一個呼吸和第二個呼吸，表面上看起來是相同的，其實之間已經有很多差別了。單是一個呼吸的進出，體內各個部位已經產生很多微細的變化過程，同時也牽動了很多組合的變動。不過，除非我們的心已經收攝到非常專注，才可能觀察得如此細微，也才能夠真正從內心明白，見證無常、無我的運作。

用心做內在思惟

我們往往只是表面上的理解，並非真正透徹地明白。我們的思考也都是很散漫的，雖然有時也能夠做一些理論上的整理、分析，卻不夠深入。我們必須回到現實的情況去觀察，才可能觀照到真正的實相。比如觀到呼吸是無常、無我的，我們要再反觀：我們是以心——能觀的作用去觀它，能觀（作意）的作用到底是不是空的、無我的呢？能觀和所觀是相對建立的，離開了所觀的對象，就沒有能觀的作用。如果所觀的對象本性是空的、無我的，能觀的作用本性也是空的、無我的。

同樣的，任何現象，我們都可以觀到它的本性是空的、無我的；甚至任何一個生命個體，也可以通過觀察、剖析而知道它是無常、無我的。平時觀想時，「理」固然是通了，但仍然有一個能觀的作用在觀——心在觀這個「理」。當我們能夠觀到所觀的對象是空的，再回觀能觀的心，會發現它也是空的。在這個過程中，我們要能夠讓能觀和所觀的作用，即心和理統一；也就是說，當下的能觀、所觀皆空，同時也是統一的。這時，我們就能夠很透徹地知道一切現象的本性是空，但所證悟的空並不是「沒有」的空，能觀的作用仍然在運作，外在所有現象還是繼續在運作，但是我們已經見到心的本性——空，它必然會變化，而且是在種種的組合作用之下才能夠運作，產生作用，本身並沒有一個實體。

但是，透徹見到一切現象，乃至內心的本性是空的、無我的，並不表示看到任何的現象都沒有了。在禪定的境界裡，到了無色界定時，有所謂的空無邊處定。當證入了空無邊處定，你張開眼睛（若還有眼根的作用），真的看不到東西的。若是依據作意而觀到本性、空性，並不是看不到這些外在的事物、現象；而是你見到了無常、無我、無生，見到每一件事物，甚至見到心的本身也是剎那變化、剎那生滅！任何事物都沒有實體的存在，當下智慧就生起了。

面對任何一件事情的發生，我們都知道它是組合了種種的因緣而顯現、運作的；通過對法性的透徹了解，就知道事相必然依於法性、理則而運作。所以任何現象的顯現，包括了自己生命個體的運作，我們都會採取正確的應對方式，即所謂的中道——完全符合當下的因緣所顯現的需要，做出恰到好處的反應。當我們依智慧的判斷而做出適當的反應，它就不會留下流轉生死的後續力量。

所以在實際用功時，除了用方法來攝心之外，我們也要用心做內在的思惟。當心能夠安止而不散亂，內在思惟的工夫會愈深入；直到能夠把所有的現象，甚至內心也看得更清楚、更透徹時，就能夠見到心的本性也是空的。

雖然在理上可以這樣講，我們還是要通過心去作意；不僅是對外作意，也要能夠對內作意，即往自己的內心去剖析、觀察，印證心的本性是空的。唯有通過這樣的一個作意——「寂因作意」，才能夠證得涅槃。我們之前的種種修行用功，就是不斷地把我們帶向這個寂因作意；依寂因作意而修，才能夠通往解脫之道。

前三門提到修習止觀所需要具備的種種資糧、用功的程序，以及可能出現的各種情況。進入正依門，就談到三種圓滿：師資圓滿、所緣圓滿、作意圓滿，即進入真正的止觀修習，它在次序的排列上是有連貫的。前面三門多是談及修習止觀的前行方便，進入正依門修習，就能夠在過程中慢慢達到三種圓滿。

我們所親近的善知識要具備五德，才是圓滿的師資；一個圓滿的師資，才能夠幫助我們達到所緣圓滿。但是，真正具備五德的善知識並不多，我們可能也沒有機緣接觸到，所以不一定要把這五德全都集中在一個老師身上。每個老師各有他的長處，有些老師擅長禪修，有些老師擅長義理，都可以跟隨他們學習。通過他們的教導，能夠達到所緣圓滿；所緣圓滿了，若再繼續深入，就能夠達到作意圓滿了。

通過這樣的修學過程，我們就能夠慢慢建立自己內在的意言——寂滅的因緣，這才是圓滿的作意，才可能引導我們趨向解脫。第三門所講到的四種作意都還不是圓滿的，它們只是幫助我們把心攝在工夫或法義上。寂因作意並不是靠散心聽聞，隨意分析就能夠建立的，我們必須通過前面第三門（本依門）的種種作意，慢慢進入內在的思惟，與寂滅的因緣相應，即以無常、無我、無自性的理則，做為修習止觀的根本依據；依此根本而修，才可能證得涅槃、解脫。

這些排列上的不同，在修學上有它們之間的連貫性。在用功時，可以從某個部分開始，慢慢就能夠連貫到其他的方法、其他的條件、其他的因緣，形成一個循環。這個循環在運作時，愈轉愈深入，層層剖析，直到深入內心最深細的功能，終能發現心的本性是空的、無我的。

如果我們能夠依照這樣的用功過程來修學，就能夠證得出世間的淨果。當然修學的初階，必須要有一個動力來推動它；在不斷修學的過程中，最關鍵、最根本的是寂因作意；依寂因作意而修，才能夠產生轉依的過程，最後證得寂滅。

卷五

第五門 修習門

世間勝果

第二門依處門、第三門本依門和第四門正依門，都有一個「依」，這三門談的都是有關修學的方法和過程。第五門是修習門，也稱為「有依」，即依於前面三門（第二至第四門），才成就了此門。修習門的重點放在止觀，即四禪的修習。

禪為何義？

一般上在翻譯「禪定」時，都是翻譯它的音——禪那，梵文為 dhyāna，巴利文為 jhāna。瑜伽行派將「禪定」翻譯為「靜慮」，比較接近於定學、止觀的內容。這部論前面談到三種依門，第五門依於前面三門而成就，能得到四種效果（境界），普遍稱為「四禪」，即「四種靜慮」；靜慮包含兩個部分：靜和慮。瑜伽行派很重視轉依，故也重視作意，所以談到止觀和禪定時，非常重視思慮的部分，並強調要多聞熏習。

中國早期的「禪」字，讀音為ㄕㄢˋ，即皇帝要退位了，不是將帝位傳給兒子，而是讓位給賢德的人，稱為「禪讓」。後來，「禪」字變成以「定」為主的意思。當佛教傳入中國，由於中國人的天性好簡，習慣採用比較簡單的說明，因此發展出禪宗。禪宗出現後，「禪」可以說就代表了中國佛教，因為它完全顯示了中國佛教的特色。

在禪宗的〈十牛圖〉裡面，有一個派系把第十幅圖畫成圓形，裡面是空的，表示「人牛俱忘」。另外一個派系，則將「人牛俱忘」放在第八幅，第九幅圖是「返本還源」。返本還源的思想與如來藏的思想有很密切的關係，即「心性本淨」的觀念。我們的心本來清淨，卻被覆蓋了。通過修行，即能還原本來清淨的心性、佛性。

禪宗的修學非常重視「心性本淨」的觀念：本來具足，就不會在因緣條件的組合之下生起或滅去。所以沒有得到任何東西，也不會失去任何東西。因為本具的觀念，所以禪宗認為知識是一種障礙，不需要去追求它，只要將一些外在的種種雜染清理掉，清淨心自然顯發其功能了。

印度的瑜伽行派非常重視知識，他們所建立的體系非常繁瑣；如果依據這個系統來修學，要經歷很多的準備過程，才可能進入止觀的修學。他們將「禪定」翻譯為「靜慮」，有四種靜慮相，即四種不同的禪修境界（四禪）。不同的禪師或論師分析四禪時，會有深淺不同。

論典上談到四禪的內容時，會描述它的狀況，比如有尋、有伺，或稱覺觀。「尋」是稍微粗的思惟，「伺」則屬於比較細的思惟，在心所法裡稱為「不定法」，看它與哪一類法相應。初禪有覺、有觀，覺與觀一般上都是用在善法上。定是一境性，是屬於比較微細的尋伺或思慮作用，與善法相應。在分析禪的內容時，還會談到「五支禪支」——覺、觀、喜、樂和心一境性。

《禪波羅蜜》在解說四禪時，前面初禪的內容談得滿多的，二禪和三禪有一些共同點，所以只是解釋禪支。若是依《六妙門》的方法，從數、隨到了止的工夫，心止於一境時，是屬於未到地定，即欲界的定。調心的過程不能夠忽略調身的工夫，所以到了未到地定，身體會產生「八觸」（動、癢、輕、重、冷、暖、澀、滑）的過程。身體較外在的色法不能夠調得太多。身體較內在的色法，在「八觸」引動的過程會產生一些調整，讓欲界色身的色法與色界的色法相應；如此，心才能夠依住在相對調細的色身而進入色界定。

身心的調和

在不斷用功、調和的過程，身體會出現種種不同的「觸」，或許是動，或許是痛；可能是外在肌肉的痠痛，也可能是內部內臟的絞痛；有時感覺冷，有時卻是熱；也有些人會感覺身體內部有電流（氣流）在蠕動，這些在修行用功的初階都可能會出現。

心要安住於定境，需要有一個健康的身體，種種不同的「觸」的出現，可以調和身體。身體比較虛弱的人，在用功的過程中會有種種的反應，身體的色法在調和之後，體質會比較健康、比較細；當心要轉入比較細的狀況時，就能夠安住在相對調細的色身。

另一方面，在用功的過程中，當心要從粗調入比較細的狀況，也可能會出現一些反應，比如坐到某個階段會很想哭或笑，也可能會大喊。如果長期以來，內心有很多不敢面對的問題，一旦打坐用功，這些很粗的煩惱就會形成障礙。聽說有一個人每次打坐用功時，都會看到一頭牛。他去問一位禪師，禪師剖析他的內心，才知道原來他曾經殺過一頭牛；它形成一種業，每次用功到了某個階段時，這個障礙就會出現，他就調不過去了。

因此，當心漸漸收攝、調細至某個層次時，那個層次的心長期所壓抑的情緒就會發洩出來。有時它會形成一股很有力量的氣衝出來、喊出來，甚至可以喊兩、三分鐘也不會覺得累。喊了出來以後，長期憋住的壓力便紓解了，整個身體會感覺很放鬆。當心調得比較細時，這種調和的情況就會出現。

如果你很專心地用功，當工夫調得比較細，出現氣動的現象時，那是一個調和的過程，沒有關係。但是，如果這種情況持續了一段時間，你就要開始將它調回來。若是任由它持續下去，雖然你會感覺很舒服，但工夫就停留在這個階段了，不能進步，所以一定要把它捨下。

當氣動的現象顯現時，我們可以觀察它，清楚知道它的過程，再慢慢地把心調回方法上去專注。心愈往內收攝，氣動的情況便會漸漸穩定下來。經過這個調和的過程，我們的身體會調得比較健康，心也能夠安定下來。即使心的工夫仍用得不好，也能比較耐坐。

工夫是循序漸進的

打坐用功一定是從數息開始，直到數息的工夫已經純熟了，才轉入隨息，慢慢再轉入止於一境。止於一境時，心安住在一個很抽象的點上。有些人會覺得很空洞，因為既不數呼吸，也不隨呼吸，心沒有任何東西可以攀附，這時很容易被雜念拉走。這表示工夫還不穩，它會退回到數息或隨息去。工夫退下來也是正常的，不要懊惱，你就重新開始數息或隨息，繼續把心力凝聚起來。

當方法用得好，數的時間自然會減少，很可能數了兩、三回以後，就能夠轉入隨息；直到漸漸凝定，便進入止了。工夫一定是循序漸進的，如果一上座就馬上跳入止息，前面的基礎工夫沒有做好，那是不行的。即使方法用得很好，可能前一支香已經用到止的工夫，出靜之後再坐第二支香，還是要從數息開始。也許數息的時間很短，就可以轉入隨，很快又進入止。工夫一定要按部就班，因為它需要有三事的調和過程，即入靜的調和、止靜的調和、出靜的調和。比如要從四禪的定境出來之前，一定要先從四禪調到三禪、二禪、初禪，直到未到地定才慢慢出定（靜）的，這是一個必然的程序。

如果工夫是依照程序一步一步地調上去，到達止的時候，心是很專注、很穩定地止於一境。這時，身體很可能會出現種種的「觸」，比如八觸。這種「觸」已經不是外在的，不會顯發出來。它是一種很深細的內在調和，像是一股「流」在內部緩緩地運作。

佛教不談打通氣脈，佛教談的是進入初禪之前所出現的八觸。佛教的八觸、道教的氣脈以及密宗的氣輪，都有一些共同的地方，就是心要進入比較細的狀況，身體一定要達到八觸的引發，以調和身體內部的能量。欲界的色身比較粗糙，從欲界要轉入色界定，身體也要調細至色界的色身，所以會出現種種的「觸」。

但是，並不是每一個人都會出現這八種觸，有些人可能只是顯現一、兩種觸，就轉入初禪；有些人是八種觸都引發了，才轉進去；有些人的觸是深細的，有些人的觸則是比較明顯。一般上到了未到地定而引發的觸，多數不會顯現為外在的動作，只是內部在調整。如果是局部的觸，那是不完整的。真正「觸」的引發，是從身體的中央往上和往下發動，全身都在引發這個觸。

經歷了八觸，心就能夠從比較粗的欲界，轉入比較細的色界，即從未到地定轉入初禪。離開了欲界的粗俗，內心會產生比較細微的喜和樂，所以初禪又稱為「離生喜樂地」。那份喜悅特別強烈，因為已經突破了一關，走入另外一個新的領域了。從未到地定轉入初禪，那份喜悅的心情特別明顯；因為初禪仍然有覺觀、尋伺的作用，所以感受比較明顯。工夫若持續地用，到達更細的境界——二禪時，是「定生喜樂」。它不是因為離開初禪生的喜樂，而是從定中生起喜樂，這份喜樂比較內斂。到了三禪是「離喜妙樂」，喜消失了，它已經被樂掩蓋了。此時的樂遍布全身，所以心也非常快樂。這種樂非常微妙，所以是「妙樂」。到了四禪的「捨念清淨」，喜、樂和念頭都一一捨掉了。從初禪至四禪，都一定會有一支禪支——一心，即一心不亂、定的作用。

靜慮的作用

《禪波羅蜜》談到這些禪修的過程，述說得相當多。從《禪波羅蜜》的分析，要轉入初禪，似乎不是很容易的事。它需要經過相當長的用功過程，當工夫調得相當好時，才可能進入初禪。但是，有一些禪修指南，卻認為進入初禪並非很難的事。

如果以感受來分析四禪，就有四種不同的禪支：「離生喜樂」、「定生喜樂」、「離喜妙樂」、「捨念清淨」。若是以尋伺來分辨四禪，初禪是「有尋有伺」；初禪到二禪之間還有一個中間定，是「無尋有伺」；二禪或以上，是「無尋無伺」。瑜伽行派則是以靜慮相分析四禪，認為四禪（四種靜慮）都還是有思慮的作用；因為有思慮的作用，才能夠轉化、發智慧和出世間。

依據這部論的說法，未到地定還沒有達到「一心」，或「一心」的作用還很微弱，所以尋伺的作用比較多，也比較粗。依此較粗的尋伺作用要達到內所緣的工夫，那就很不容易了；或依它思惟無常、無我的法則，也不太容易用上。即使有這類的尋伺作用，也還不能夠直接形成及完成出世間的觀想，所以力量是不足夠的。它認為一定要進入這四種靜慮，才能夠真正發揮出離世間的力量。

一旦從色界定轉入無色界定——四空定，思慮的作用太微細了，不能夠發慧；只是靜或定的工夫很深，所以這部論沒有談到無色界定的部分。從這種分析就可以看出，瑜伽行派非常重視思慮的部分，即非常重視作意的心所法。它認為要能夠轉依、發智慧，一定要經過靜慮——作意的過程，這與一些人對修定的定義大不同。有些派系認為，修定就是什麼都不想，希望達到無想定、無分別定。實際上完全沒有分別作用的定，只是一種定境而已。很可能在定中覺得非常喜悅，但沒有思慮的作用，當然就不能夠依之而發智慧了。

這裡只是略略地以尋伺來分別四種靜慮，可能其他瑜伽行派的論典對這個部分有比較詳細的說明和分析。大部分的論典在敘述禪定時，一定會談到四禪八定。在止觀的修學裡，四禪是根本定，故進入了四禪（根本定），才算是真正用上止觀的工夫。

這部論沒有很深入分析和判攝四禪的境界，但是我們可以看到它最重要的觀念在於靜慮，即在止觀的修學過程中，一定要能夠產生靜慮的作用。

止觀雙運

這部論談到靜慮相的止觀定境，並不是很深。雖然它有提到四種靜慮（四禪），但與《禪波羅蜜》所談到的定境——四禪八定相較，後者所形容的境界比較深。

止中有觀，觀中有止

如果你開始禪修時，是依一個外緣用功，當心專注於一境上，這個境一定是依意識而有的，並沒有其他的外緣，也沒有其他的相。或許你一開始是依外在的境界，但最後這個外在的境界必須要轉為內心的影像，才能讓你一心安住於那個境；住於一心時，就是定了。

若繼續守住這一境性的心，仍然會察覺有一些念頭在飄動，你覺知到它，但它不會把你的心拉走，慢慢地心就安止下來。如果色身需要經過調和的過程，就會出現八觸；八觸引發了，內心會更安定。如果只是安住在止，就是「定」或「止」；如果對所依止的境界做種種的分析，即是「觀」。觀就有思慮——分析的作用，但這種分析與平常分析事理的情況，有一些不同。因為這時所觀的範圍已經是屬於法的內容，即依寂因而作意的。比如我們已經安住於一境上，這時心仍然可以覺察到很多妄念，但如果我們守住不動，便是定。如果在當下去分析妄念的生滅，就轉為一種觀了；觀的過程，是以生滅法做為觀的內容去印證它。我們也可以直接去觀這個安止於一境的心，觀它的本性，或觀心所安止的那個境。如果我們是依這個心或這個境去觀，即「觀彼種種境」，就是「觀」或毘鉢舍那。

實際上止和觀並不是分開的，而是相應、結合的。但是在用功時，會有重點的不同，所以說有一分定、二分定等。如果用功的重點在於止，就是專注於一個境上，慢慢達到止靜。但是在專注一境時，仍然還有一個作意的作用，即觀照的作用。離開了觀照的作用，是不可能得到止的。所以即使止靜了，你仍然可以進一步作意去分析，觀照你所專注的境，或分析你的心。

進入止觀的階段，就看工夫的重點放在哪裡？有些人比較偏向止於一境上，那就形成定的工夫。如果偏向覺照、分析，就是觀的作用了。在整個用功的過程，止和觀是相關聯的。有時修止了以後，能夠產生觀的作用；有時也可以依觀的作用，達到止的效果。當工夫真正用得很自然、純熟了以後，就能夠達到止觀雙運，即結合止和觀的工夫。

在實際用功時，我們先從調身開始，慢慢達到身心的調和，再依之進入內心止觀的工夫。屆時不管重點放在止或觀，我們都可以察覺到這兩者的作用皆存在，只是在用功時會有一些偏重。止中不可能沒有觀，觀中也一定會有止的工夫，否則那個觀就不是真正的觀，而是一種很散漫的作用。一旦工夫用得很自然了，止和觀是均衡的。依止觀雙運來用功，依寂因作意而起觀，就能夠達到出世間的解脫。

但是，我們偶爾也會依一般世間的方法來觀。《禪波羅蜜》將禪法分為四種：⑴世間禪，⑵亦世間亦出世間禪，⑶出世間禪，⑷非世間非出世間禪。這種歸納方法，通常就是我們用功的一些方法。有些用功的方法是比較外在的，有些是屬於內心的；有些方法的內容是屬於世間的善法、定境，有些所觀的內容則是屬於出世間的境界。當用功至深入時，工夫會轉化或是趨向哪一個方向，就看自己內心所觀的內容，以及心要趨向哪一個方向去。

實際上心和理是不二的，但是當我們顯現為一個生命個體時，心和理好像分開了。通過用功修行，我們可以依出世間的理——即清淨的法界，在止和觀運用的過程中，慢慢讓能觀的心和所觀的理相應，最後統一。心和理統一，即心和理不二，就證到心性是空。當工夫用得比較純熟，達到止觀雙運時，心和理之間的距離會愈來愈靠近，不會再有很多的「隔閡」（即無明和愛染，以及其他煩惱的作用），心和理便會達到統一境。

對治障蔽

接下來，要談二種障：⑴麁（粗）重障，⑵見障。粗重障就是五蓋，在《小止觀》的「二十五種方便」裡，有談到要呵五欲、棄五蓋。如果在修習止觀的階段仍然有粗重的五蓋，就表示定境不是很深細，深細的定境應該不會有粗重的障。

五蓋有粗的五蓋，也有微細的五蓋。在修學止觀的前方便，我們已經放下了粗重的五蓋，否則沒有辦法用功。一開始用功時，會有掉舉、昏沉的現象，這些都是比較粗的狀況。當心調得比較細時，雖然這些煩惱還是存在，但已屬於比較細的作用。如果感覺妄念還是很粗重，外境的作用會對你產生干擾，表示你還停留在比較粗的狀況。若外在的境界對你產生干擾的作用很小，表示你的心比較能夠安止、內攝了。外面的狗吠聲、車聲或吵雜聲，你會覺得那些都很粗俗，可以不去理會。

有時心調得比較專注，你可以清楚看到呼吸的進出，同時覺察到妄念還是滿多的。所以工夫用得好時，仍然會有掉舉的情況。有時心調得滿細了，內心還是會生起一些粗重的妄念；甚至當這些煩惱、妄念一出現，就會把心拉得很粗。當妄念出現時，你就開始隨著它轉，或生起粗重的煩惱，就表示攝心的工夫還不是很深，還沒有進入定境。

當心止於一境，是不是完全沒有念頭了呢？還是有的。經典裡提到，進入初禪有五支禪支，其中就有覺觀的作用——尋、伺，所以還是有一些比較微細的念頭存在，只不過這些念頭不會產生干擾的作用。當心愈往內攝，它會調得愈深細。但是，不管心住在哪個層次的定境，它還是會有那個層次的念頭。

有些意識的作用是因為緣外境而有的，除此之外，意識——意根本身也有它所緣的法塵，有一部分是外在的法塵，有一部分是內在的法塵。這就表示說，即使隔絕了五根的作用，隔絕了所有的外緣，法塵仍然存在，意識仍然緣這些法塵。所以不管心住得有多深，只要根本煩惱——無明和愛染沒有消除，就還沒有證到「我空」或「法空」，這些作用還是存在的。

因為仍然有「我執」、「我見」，有了「我」這個主體做為中心，種種的煩惱和心所法都依附其中。不管心調得有多深細，這些微細煩惱的作用仍然存在，會在細心中生起，但心止於一境而不被干擾。當心安住在比較細的狀態時，與這個層次相應的某些比較粗的妄念也會現前，包括一些業也會現前。所以，有些人修至某個階段時，就不能夠再深入了，好像有了障礙，那就要設法將障礙清除。

五蓋的貪和癡，有一些是屬於比較細的煩惱；掉舉、昏沉和瞋心，是比較粗重的煩惱。如果能夠進入色界定的初禪，就沒有了瞋心所法，掉舉和昏沉也應該不會再出現了。我們平時所談到的貪、瞋、癡，可以感覺它們是很明顯的作用。當然，瞋是最快讓我們感覺到的，很多煩惱都是屬於瞋。只要心裡感覺有一些不適意的情況出現，都是與瞋有關聯的。

但是，深細、最根本的煩惱不談瞋，因為它是很粗的煩惱；深細的煩惱是貪和癡，即愛染和無明。我們平時所講的貪多數是對外的，比如心裡想要這個、想要那個的情況。一般上談到癡時，多是談對一些事情的不正確判斷。癡有時是一種昏昧的狀態，這些都是比較粗顯的現象。真正的癡應該是知見上的不正確，比如內心執著有一個我、有我見，那就是癡——無明。

經典上談到四無記根時，「我見」、「我癡」是屬於知見上、理性上的迷惑，「我愛」是情感上的迷惑；這兩者結合起來，就形成「我慢」——意志上的迷惑。四無記根不講我瞋，因為瞋的煩惱比較粗顯，在修行前面的某一階段就已經捨下了。其實，生活中的很多煩惱大都是與瞋心相應的一種感受。一旦感受到苦，多數人的反應是抗拒、排斥、厭離等種種情況。

實際上真正讓我們生死流轉的內在作用是愛染，它不只染著於外，還染著於內。因為染著於這個生命個體，才會對內外皆染著；先有了「我執」，才會有「我所執」。但是，一般上我們所看到的都是「我所」的作用。執著身體，在某種程度上還是屬於「我所」，為什麼呢？因為我們把它當作是「我」的身體，所以還是一個「所」——屬於我的東西。

即使進入靜慮（禪定）的階段，還是會有一些煩惱出現，但所生起的煩惱應該是比較微細的作用。因為還沒有斷除「我見」，這些作用還是會出現。到了初禪的定境，瞋心就不會出現了，但還是會有慢心。四無記根是與第七識——末那識相應的，所以在定境中，末那識還是存在的，仍會有這些比較深細的煩惱現前，不過它們產生的干擾已不大。

修學的過程的確是如此。即使心已經止於一境，偶爾還是會有一些煩惱飄過，但是心不會受到干擾。有時候一些煩惱出現了，會把心拉到比較粗的狀況。一旦覺察這些情況，就要用止來對治，即把心調回到正在專注的境上。

如果是知見上的障礙，就要以觀來對治，這些多數是一些比較內在的知見（我見），或是不正確的知見。其中，最內在、最深細的知見就是我見和常見，它們會障礙我們修定和修慧。對於常見，大家都很容易理解，比如佛法講無常，但是當生命面對死亡的威脅時，我們會恐懼、不安，希望生命能夠延續下去。這就是很深細的常見，這個知見是生死流轉一個非常重要的力量。

障礙即轉機

在用功的過程，當心調至很深細時，便可以轉成觀。如果一開始是依寂因作意而起觀，很可能修習到某個階段時，會生起念頭：「如果沒有我，那到底是誰在修行？是誰在證涅槃？若是無我，在生死流轉中浮浮沉沉的到底又是誰？」理論上我們明白無常、無我，但是在心理上，我們的內心仍然有深細的我執、我見、常見。

所以，用功至比較深細的狀態時，有時會產生恐懼、不安。為什麼呢？因為你「發現」身體不見了！你害怕「我」不見了！即使工夫轉到止了，你也感覺好像很空洞，因為「我執」習慣要攀附一個東西。在止的狀態中，心安住於很微細、很抽象的一個點上，沒有任何具體的東西可以攀附，所以有些人會感到恐懼、不安。恐懼，是因為執著有一個「我」；有「我」，就有身體、有覺受，還有一個心所緣做為一個主體。當心愈往內收攝，這些作用愈不容易察覺到，恐懼、不安的心理就生起。

有些人在用功時，忽然會生起一個疑惑：「如果『無我』，那現在正在修行的人是誰？」禪宗的參話頭，話頭裡面就有類似這樣的疑情。但是真正的參話頭，不是參一個外在的話頭。如果不能夠把外在所緣的話頭，轉化為一個內在的意言來參究，它的功效是不大的。如果完全沒有攝心的工夫，就提起一個話頭來參，這就類似外所緣的情況，也就是一直拿著話頭在外面追。不管怎樣追，都只是在外面轉，內心不能夠生起疑情。在參究話頭的過程，一定要在內心生起疑情，那才有用。

在應用話頭的方法之前，一般上我們會先用數息的方法來攝心。當心進入比較專注的狀況時，如果能夠直接從內心生起疑情，它的力量一定很大，因為是一種很內在的疑惑。比如在細心中生起「我是誰？」的疑問，那就是一種疑情，你對生命生起了一種想要深入去探索，要把種種的迷惑、障礙打破的力量。

在參究的過程，有時話頭會慢慢轉得比較散、比較粗，這時候就要緊扣工夫，繼續參究下去，讓它轉得綿綿密密。如果話頭已經轉入內心很深的狀態，它會形成一股疑團，感官對外境的反應會變得很遲鈍，甚至沒有辦法適應一般的環境，所以參話頭最好是在禪堂裡用。

我們的內心有很多知見，有正見的知見，也有不正確的知見。用功至比較深細的狀態時，就看我們如何應用適當的方法，把可能形成修行障礙的種種知見，變成是一種轉化的力量。障礙的出現，表示工夫已經用到某一個階段，它很可能就會是一個轉機。

如果你在細心中依無我的理則起觀，在觀的過程中，很可能會生起一種念頭：「咦！這個我還在，如果無我的話，我怎麼去用功呢？」當這種深細的「我」生起來時，很可能讓自己對所依的正見生起疑惑；疑惑生起來，心就開始轉粗了，而形成一種障礙。

當疑惑或不正見生起時，我們平時所熏習的清淨法的力量，就是一個關鍵了。若是法的熏習力量很強，就能夠在這一刻轉化了。即當疑惑生起時，你能夠繼續分析：「正在生起這個知見的『我』，到底是怎麼一回事？」你依清淨法再慢慢剖析這個「我」，層層深入剖析之後，發現果然是「無我」的；如此，你對法的體會就會再轉深一層。如果是依據參話頭的方法，當這種對「我」的疑惑生起時，就把它轉成一個話頭，繼續緊扣住它，一心去鑽究，讓話頭的力量愈來愈深入，它就可能形成一個疑團。如果力量很強，就能夠打破這個疑團，見到自己的本來面目了。

有時用功到了某種深細的狀態時，忽然間會出現某些知見。如果我們感到害怕，很可能是信心不足，或是法的熏習力量不強，若因此不敢再繼續用功，它就形成修行的障礙。如果你能夠在這個關鍵的時刻繼續專注在方法上，或去剖析這個知見，用心觀察它，把它看得更清楚、更透徹，那就表示你的工夫又向前了。

無功任運

認知身體是上意識的作用。身體的動作需要意識刻意去注意它，才會起作用。而身體內部一些自然運作的功能，則是下意識的作用，不需要意識去管制。止靜時，上意識的作用漸漸往內攝，對身根的認知會相對地減少專注力。當認知身根的作用減少了，有時候坐久了身體會「掉」一下。如果平時在打坐時，調身的工夫用得比較好，在止靜時也很注意身體的姿勢，當工夫進入定境時，身體便能夠任持，並保持挺直。

心專注於一境時，我們會忘失一些外塵。當心更內攝了，甚至會忘失根身，但並不表示根身的反應變得遲鈍了，它還是很敏銳的。比如打坐時，如果忽然引磬聲響了，你可以清楚聽見聲音，甚至能夠感受到先後刹那的震波。當引磬一敲，空間就有了震波，一般上只是耳根接觸到震波，它把訊息傳入後，我們才知道這是聲音。如果心調得非常細，很可能身體的某一部分先感受到這個震波，然後才傳入耳根。它的前後分別是非常微細的，這是攝心工夫很好，才有可能出現的狀況。

當攝心的工夫穩定，心安住在一境上，就是止成就，進入定境了。有時候，工夫到了某個階段就一直停留，久了以後心會很沉。如果察覺了心沉的狀況，就要提起觀的作用，讓心活躍起來。另外一種情況是心掉舉，妄念太多，這時就要用止來對治，即更加專注在所緣的方法上，讓心調得更細。比如騎馬時，當馬跑向左邊了，就拉一拉右邊的繩子；跑向右邊了，就拉一拉左邊的繩子，以讓馬跑向正中的方向為準。當心不沉不掉，就是無功任運了。

在九住心的階段，有談到這些狀況。到了止觀的修習，也提到這些狀況，表示它們還是可能在定中出現。所以，為了得到淨定（正定），要修三種淨方便，即策舉相、寂止相（厭背相）、捨相三相。若攝心的工夫很好，心安住於定境，很可能定境會一直深入，從欲界的未到地定轉入色界的四禪，再轉入無色界的四空定。到了四空定，由於思慮的作用太弱了，心只是深沉，卻提不起覺照的作用，這就很不理想了。這裡提到心太沉，不一定是指昏沉，但容易與癡心所相應，要以觀來對治，即「於妙事起緣」，讓心活躍起來。

當心慢慢調至安止於一境上，如果工夫還不是很穩，很可能一些比較粗的念頭就會出現。如果沒有辦法把心攝於一境上，它會慢慢拉到比較粗的境界。比如在初禪時，有一些比較粗的念頭出現，很可能會從初禪拉回到未到地定，或是拉回到欲界的境界。所以，當這些狀況出現時，要及時回到所緣上，以止來對治，直到心能夠繼續安住於一境，不沉不掉而達到無功任運。

這裡要提醒大家，如果數息的基礎工夫還沒有調得很好，就急著轉入止靜，很可能會進入一種類似止，卻沒有覺照的狀況——無記，掉入無記就要以觀來對治，讓覺照的作用提起來。所以，禪宗參話頭的方法就是怕你掉入無記，因為另外一個修學的方法——默照，或只管打坐的方法，應用不得當時，可能讓行者的心一直往下沉而失去覺照的作用。

參話頭和默照這兩種方法，在宋代都被使用。提倡話頭禪的是臨濟宗的大慧宗杲，提倡默照禪的是他的好朋友——曹洞宗的宏智正覺。大慧宗杲批評默照禪法容易讓人掉入「黑山鬼窟」去；有時也形容為「一池死水」，即心很靜時，進入一種很昏昧的狀態，所以提不起覺照的作用。其實，真正的默照禪法不是這樣的，但是很多人在應用這個方法時，可能會掉入無記中，一般上是當心調得比較細時，才會出現這種現象。我們平時在用功時，偶爾也會察覺心很靜、很沉，好像進入昏昧的狀態中。一旦覺察有這種情況，就要把心提起來。有些人會提起一個句子來觀，也可以依無常、無我的理則來觀，讓覺照的作用生起。

一開始用功時，會出現很粗顯的掉舉和昏沉，心很容易被這些粗重的現象干擾。在數息的階段，工夫調得不錯時，仍然會有掉舉和昏沉的現象；甚至到了止（定），還是會有這種現象，只是程度（粗或細）的分別而已。因為還沒有破「我見」，還沒有斷除煩惱，所以這些情況還是會出現。只要懂得以適當的方法去應對、調和，工夫就能夠轉化或向前了。

體證法性

當我們進入正修後，過程中會得到各種利益，這些利益比較殊勝，所以稱為「勝益」。到第六門講到聖果時，它的效益就更為殊勝了。勝益分為四種：⑴出離諸惡，⑵愛樂善法，⑶知應住而正安住，⑷於諸所作而有堪能。這些都是正修止觀成就了所產生的效益。

將修行與生活結合

前面有略略談到，修定會得到某種境界、效果。很多人會設定一些修行目標，希望能夠在很短的時間內得到這些效果、境界。所以用功時，心並沒有專注在工夫上，反而一直在期盼：「什麼時候，初禪的境界才會出現？」如果一開始就抱持這種不正確的心態修行，是不可能得到什麼效益的。

另外一種情況是，若身心原本就處於比較粗重的狀況，也不可能馬上感受到效果。比如一進禪堂用功，還沒數上十個呼吸，妄念全都湧現，根本沒有辦法把方法用上。如果你每一回打禪七都是這樣，漸漸地就會對自己沒有信心，或對方法失去信心，又或許對老師失去信心。

實際上用功並不是要追求什麼定境，或是馬上能夠開悟見性。修行是一個過程，必須進入很深細的境界，經歷很多層次的轉化，才可能證入的。如果我們能真正投入用功，一般上都會有一些工夫的效果出現的。

這裡談到修習止觀所產生的四種勝益（效果），第一種勝益是「出離諸惡」。當用功進入比較深細的定境時，會自然遠離一些粗顯的狀況，因為惡法一定是與比較粗的心所相應的。

第二種勝益是「愛樂善法」。即遠離了種種的惡法，相對地對善法會產生相應。不過，開始修學佛法的階段，這種趨向不會太明顯，偶爾還是需要一些戒律來約束我們，保護自己不犯戒。

但是，我們所做的種種善行，如果沒有與止觀法門相應，那就可能只是表面的工夫。修習禪定的人，在行持善法——持戒、布施時，是源於內在的歡喜心而顯現出來的行為，對於一些惡法的處理，就不會刻意排斥，而是自然遠離它們。比如有些人平時喜歡到一些娛樂場所打發時間，學佛之後，尤其是修習禪定以後，他們會覺得去那些場所太浪費時間，非但不能幫助調和身心，反而吵得令人受不了，自然會遠離這些粗俗的感官刺激。

當心安住在比較細的狀態，就容易培養一些細緻的嗜好，比如在家裡看書、打坐、念佛等，不會再常常往外跑。所以修學佛法以後，會遠離一些粗俗的活動或惡法，相對地會比較容易與善法相應。若是刻意以戒律來規範、壓制自己，雖然不敢去做，卻不是真正與善法相應的，在某種程度上反而是和惡法相應的；一旦不小心開了一個缺口，它就冒出來了。

第三種勝益是「知應住而正安住」，即任何時刻、任何場合，都懂得讓心安住於正念、正法上；生活中碰到種種問題時，也懂得以適當的方式去應對。《遺教經》說：「制心一處，無事不辦。」的確是如此，當心收攝而制於一處，能夠產生很強的定力，許多事情都可以依之而成辦，解脫也是依這個力量。即使不是走上解脫之道，世間任何事業都可以成辦。

第四種勝益是「於諸所作而有堪能」，即修行得力時，就有能力去面對任何問題，也有能力去從事一切事業。如果心太散漫，無法專注，以這種很粗的心去做事，一定是「不堪能」！即不能隨自己所意願的方向去，也就是自己做不了主。修習禪定就是要能夠做得了主，至少可以對很多事情做主；能夠做得了主，許多問題便可以妥善處理。

遠離惡法，趨向善法

除了在禪修課程用功，平時也要常常攝心；數息、觀息的方法，並不只限於打坐用功時才用，任何時刻都可以將注意力拉回到呼吸上，這是一個很好的方法。我們要訓練自己隨時隨地都可以把注意力放在呼吸上，比如發生一些事情時，發現自己的心散了，就要回到呼吸上去調和。當心調和、調細了再來應對，就能夠比較適當地處理。

因此，打坐用功並不是要追求什麼特異的功效，而是在不斷用功調和的過程中，心會漸漸形成這種功能——即對一些粗俗的惡法能自然遠離，同時會趨向善法、清淨法而常生歡喜心。當修行的力量增強了，任何時刻都能夠依正法而安住，也有自主能力成辦自己想做的事情。所以在修行的過程中，我們要常常反省內心是否有培養這些功能？如果發現自己的心愈來愈與善法相應，也愈來愈有力量，即表示工夫已經慢慢用上去了。

前面有談到用功過程會產生的一些效果，到了修止觀則談到它的勝益——殊勝的效益。還沒有到達止觀階段之前的用功，也會有一些效果的，只是我們常常會忽略這些潛移默化的作用，認為修習禪定一定要入定，才算是果報的顯現；或是認為證得解脫了，才算有效益。我們總是認為修定在日常生活中沒有起很大的作用，其實這些都有待自己去省察：修定真的對自己的生活、個性，乃至在待人處事上，完全沒有任何的改善嗎？

效果一定是有的，只不過不是很明顯。如果工夫用得很好，效果當然就比較顯著了。

有一點我們也要了解：即使是證果的聖者，也並不表示他在生活中一定會被所有的人接受或敬仰。例如佛陀在弘法時，也曾經被一些婆羅門或其他人問難；甚至經典也記載，曾有一些人設計傷害佛陀。因此，儘管聖者的人格在大多數人的心目中非常美好，也是有一些人與他不相應，甚至產生嫉妒的心理。

已證解脫的聖者，所證的境界是相同的，但表現出來的風格卻不同。例如舍利弗、目犍連都證得阿羅漢的果位，但因為個性不同，所顯現出來的風格就不一樣，每一位阿羅漢都有他們獨特的個性。印度人所畫的阿羅漢像幾乎都是一樣的，但是到了中國，所有的阿羅漢各有他們的造像，特徵感覺上都非常人性化。

很多禪師的修行境界，真的非常高深。從他們的言談裡，可以得知他們已證得解脫；一個沒有解脫的人，是講不出有智慧的話語的。雖然他們所覺悟的境界是同樣高深，但是在表達、分析時，還是會有不同的。或許我們可以這樣說：覺證到法或真理，在禪宗稱為「見」，也就是見到佛性；徹底明白或證入法性，即是解脫了。

在本質上，每位聖者所證的是無二無別的，但是所證的「量」——所行的種種功德，會有大小的分別。因此，他們在傳達訊息時，就會有所不同。例如有些聖者開悟了以後，會走入深山修行，有些聖者則走入人群行持廣大行。

不管以什麼方式修學，只要能夠體證到法性，你就能夠從種種苦惱、束縛中超脫出來。未證悟之前，你有你的個性、背景、生活；追溯到更遠，你依然遺留著長期流轉生死所累積的一些習性，即使證得解脫了，這些習性還是存在的。

每個人都是一個完整的人格。這個完整的人格，不會因為你證悟了法性便失去，它仍然存在的。覺悟是心靈上的解脫，生活還是一樣地過。很多人認為一旦開悟了，就變成另外一個人。所以，我們才會懷疑：「我們修禪定，為什麼一直沒有效果？」因為我們沒有變成另外一個人，也沒有入定。其實，我們看那些已經開悟的禪師，並不會察覺他們已經變成另外一個人。

修行體驗各自不同

我們可以把修行比喻為爬山：想要開悟，就要爬到山頂上。你爬到山頂後，當你走下山要教導別人時，一定是以自己的經驗來傳授給別人。可能你走的路也是前人走過的，但是你在走的過程中，你所經歷或領悟的還是會有不同的；從自己的領悟再表達出來時，當然就會有某種程度的不同了。

好幾年前，我與一群朋友去爬山，回來之後，和兩位記者朋友各寫了一篇文章。我們雖然走同一條路，但是大家的經歷和體會都不同，寫出來的文章也都不一樣。那次爬山，我第一天就走得腳抽筋，痛到沒有辦法形容。爬山即使腳再痛，也還是要自己一步一步地走，別人無法代你走路，那種體驗真的只有自己知道。當天晚上睡覺時，我的腳仍然抽筋，忘了穿襪子而被蚊子叮腳趾。我很想把腳縮回來搔癢，但是抽筋的腳痛得根本沒有辦法縮回來。

其他隊友在登山之前，因為有足夠的訓練，所以走得輕鬆；而我的訓練不足，走得很辛苦。這種情況有點像修行，如果前面（本依門）的部分，即前方便的準備工夫很充足，進入止觀的修學就會順利得多了。所以我走到半路時，就起了煩惱：「為什麼這麼笨，要來爬山！」就好像有些人進入禪堂用功，偶爾也會嘀咕：「為什麼這麼笨，要來挨腿痛！」

爬山即使非常辛苦，還是得靠自己走才能完成；到達山頂上，每一個人的心境也都不一樣。修行就好像爬山一樣，每個人的修習過程和體驗都不一樣；開悟證道時，每個人的領悟和視野也都不同。

現代資訊非常發達，我們可以從很多方面得到有關禪修的不同方法和修持訊息。但是，修行最關鍵、最重要的還是要掌握佛法的根本思想意趣。禪修可以使用不同的方法，但若是依據佛法義理，必然是朝向同一個方向修學的。比如有些人用這個方法，不一定用得上；若是改用另一個方法，很可能就用上去了。因此，修行的前行方便和資糧若不是很具足，就要慢慢地去儲備這些資糧。

我曾經接觸過一位禪師，他在泰國住山多年，只懂泰語。當時我正在三慧講堂閉關，有一位佛友帶他來講堂看我。我透過關房的一個小窗與他交談，有翻譯在一旁。雖然我不知道他講什麼，但是透過他講話的聲音和神態，感受很親切，有種很難形容的法喜。後來聽人說，他是證得三果的聖者。我沒有辦法印證此事是否為真，因為我沒有經驗，也沒有資格。我只是看他的神態、聽他的聲音，就感覺他真的是一位已經開悟的聖者。我與印順導師在一起時，也是感到非常法喜！他開心時就會笑出來，絲毫沒有掩飾，完全是一片赤子之心。他的修養是從內心自然地流露出來，非常親切！

證果的聖者，應已明心見性。但是如果你問他，他是不會告訴你的。如果有哪個人告訴你他是阿羅漢，那就有問題了。你怎麼知道他已經證果呢？無從印證！但是聽他所說的法，就略略可以知道一個大概。他可以不需要翻看經典，就可以印證經典所說的法。他常常會講一些非常有智慧的話，沒有開悟的人，怎樣都無法講出來的，但是聽的人也要有一些理解力才行。

有些詩人寫了一些開悟的詩詞，但是一看就知道不像是開悟證果的聖者所寫的。文字可以掩飾，但境界不能夠掩飾！有時我們去聽法，如果心比較細，就能夠分辨出弘法的人講的是否只是經論的內容，而非他內心的修證。對法有所領悟和體驗的人，當他傳達出來時，一定是內心自然地流露，而非文字或經論的分析。

很多人喜歡引用禪宗公案，但是大多數人只是解釋、分析而已，不一定領悟到公案裡面所包含的悟境。大部分的公案，都是描述弟子找禪師印證的故事。如果弟子沒有悟境，就沒有辦法回答禪師所問的問題；又或許弟子問了一些問題，禪師給了他一些指示，他卻無法領會。也有一些公案的師徒對話非常精彩，不過如果你完全沒有一點修為，是不會明白他們之間的機鋒。若你能夠在閱讀公案的當下，就體悟師徒之間在溝通時的那個境界，就表示你與他們相應了。

佛教長久流傳在世間，所開展的局面是非常廣大的，出現的各宗各派也很多。不僅佛教，其他宗教也有很多屬於「神祕主義」的修學，他們也有一些大師在修證了以後，能夠把一些訊息傳達出來的。佛教的修學必然是依據佛法的特質——空無自性而修的，所以在第四門（圓滿門）提到依「寂因作意」而修，才能夠達到轉依或開悟的境界。當證悟的聖者要傳達他所證悟的過程，就會有一些不同方式的表達。

因此，我們不要認為自己所修學的方法是唯一的，因為上山不是只有一條路而已，有很多路可以到達山頂的。但是，我們既然有這個機緣學習到這個方法，就要好好把握，用心學好它，還是會得到一些受用的。換個角度來看，我們有機緣學習這個方法，也是與自己的背景或所具備的一些條件有關聯的。如果我們還沒有對這個方法掌握得很好，不要急著想從這個方法中得到受用，而是要讓自己在不斷練習中慢慢掌握它。

聖嚴法師曾經舉過一個比喻：每一個人在探索生命的過程中，就好像是一個需要拐杖的人；因為自己不太會走，所以需要拐杖幫助。如果我們有機緣看到一根拐杖，不管它好不好用，先用就是了。當我們依著這根拐杖走到某個階段，發現一根更適合的拐杖，那時才更換。在還沒有找到一根更好的拐杖之前，就繼續使用現有的拐杖，因為它一定能夠幫助到自己。

在修學禪法的每一個過程裡，如果能夠很用心地去體會所學的方法，就可以從中掌握一些重要的觀念，進而能夠將這些觀念應用在生活中。當這些新觀念注入，或舊觀念調整之後，我們的生活、我們的生命，就開始出現新的轉機了。

卷六

第六門

得果門

覺的歷程

第六門是得果門，說明修定的人所得到的果報。他們依修習止觀而得世間勝果——禪定，或證出世間勝果——解脫或涅槃。這些是我們修學禪定的目標，但是如果太著重於目標的完成，甚至希望能夠在很短的時間裡就得到這些果報，在修學上反而會產生一些壓力或困惑。

果報的證得

得世間勝果，是指得四種靜慮或四禪八定，經典裡有描述這些境界。從共通性的角度看，在修學禪定的過程中，當一個人的身心能夠產生某種效果，或安住於某種境地，即表示他已經證得那個果報。

若從禪定的角度分析，初禪的境界是「離生喜樂」，二禪是「定生喜樂」，三禪是「離喜妙樂」，四禪是「捨念清淨」。從四禪轉入四空定，是「空無邊處」、「識無邊處」、「無所有處」；到了「非想非非想處」，即是世間定的頂點了。四空定的境界比較偏重於定；四種靜慮或四禪，則是靜、慮或止、觀比較均衡。尤其四禪，是定慧等持、止觀雙運；未到地定則是慧或覺觀的作用比較多，定的力量相對比較弱。

如果修行是要通往出世間的方向去，依四禪起觀是最為理想的，因為止觀的作用比較均衡。能夠達到出世間效果的定境，稱為「根本定」。但是在實際修學上，也不否認一樣可以依初禪之前的「未到地定」起觀，證得涅槃；或是依四空定的前三種定，即「空無邊處」、「識無邊處」、「無所有處」起觀，證得涅槃。甚至有人認為，到了「非想非非想處」，如果還有能力再往上提昇，就可以到「滅盡定」——九次第定最高層次的定境，也就是出世間了。處於「非想非非想處」，是無想，所以不能夠起觀而斷除煩惱；到了「滅盡定」，又稱「想受滅」，就不只是無想（想滅），連覺受也滅除了；受滅了，才能夠真正證得解脫、涅槃。這些都是比較傳統的說法。

一般上修定會比較偏向於心靈的提昇，或是心的修持。所以，修行實是在調心；在調心之前，要先調身，因為身心是和合一體的。從身心和合的角度來看，要進入初禪，身體的色法必須要調細至色界的色法，定心才能夠相應、安住在色界的色法裡。我們可以從人身的色法不斷地修持，身體經歷一些調整、調細之後，就能夠進入不同層次的定境。比如從欲界定提昇到色界定，再進而提昇到無色界定。不過，一般上我們比較注重在四禪（四根本定），因為依四禪起觀，就能夠證得出世間的解脫了。

依據某些禪修法門的說法，證四禪並不是很難，所以常常聽說有人證得四禪。但是，也有一些系統把四禪的程度定得比較高，即身心必須調細並轉入色界的色法，才能夠進入四禪。

生命的流轉與還滅

佛教和印度大多數的學派對生命都有共同的看法，那就是生命是一個流轉的過程，即生命在長期生死中不斷地流轉。雖然流轉是依於無常、無我的法則在運作，但是因為生命個體執著於常、執著於我，所以流轉的動力不斷地延續。

有一些學派不太能接受或明白生命流轉的過程，他們多數會從一期生命的角度來看。但是，即使一輩子相信唯物論或生命只有一期的人，如果在臨終前最後一分鐘問他：「你就甘願這輩子死了，什麼都沒有嗎？」他可能會告訴你：「希望還有下一期的生命！」又比如有時我們在打坐中，會看到一些影像（不是這一生中的）出現。假如生命沒有流轉，只有一期的生命就結束了，那我們之前所做的很多工夫，豈不是都白費了！所以，生命不是那麼簡單一回事。

雖然我們的身心結構只能夠讓人有限地看到這一期的生命，但是如果生命只有這一期而已，我們大可逍遙過一生，何必花那麼多時間去做一些不可知的事！實際上人類還是嚮往來生，才會產生宗教，才有歷代的祖師大德將所證悟的智慧——從種種煩惱中解脫的方法，一代又一代地傳承下來，讓我們可以依之學習而提昇、淨化。如果體認生命是一個流轉的過程，通過修行可以讓身心得到安頓、解脫，我們將會很願意一輩子全心投入修行。生命的意義也就在於此。

一旦有了修行的觀念，生命的形態就會在不同心靈的修持層次或空間，顯現為不同的形體。因為色心一定是和合的，心靈的層次到哪裡，色法一定是與它相應、結合的。比如一個很粗重的身體，就不可能會有一個很深細的心；深細的心，一定是安住在深細的色法的身體裡面的。身心和合，才不會產生問題。

在修行的過程中，當心調得比較細時，色法自然與它相應，即調至更細的色身。但是，這一期生命的引業是不能夠改變的。比如我們現在得到這個人身，在這一期生命的業報還沒有結束之前，這個人身就不會改變。即使遭遇一個很大的果報，也不可能完全改變這個人身。但如果是造了一個極大的惡業，很可能會導致人身的業報結束，再引生到另外一個業報身去。又比如有些人作惡多端，但因具備某些福報，在這個福報還沒有結束之前，他們的引業也不會結束，就不會現惡報身。當他們這一期生命的善報結束了，由於所造的惡業很大，就不可能再以人身去承受這個惡報。因為他們的心太粗了，心靈空間的層次太低，必須以另外一種色身去承受這個惡報。

提昇生命的境界

果報有一部分是屬於色法的，即福報方面；有一部分則是屬於心靈、精神的境界。真正行善的人，一般上內心比較容易得到祥和、安樂；相對的，作惡的人，心靈一定會產生很多壓抑和痛苦，只是他不會讓果報顯現出來；但是一旦有了缺口，它就會顯現出來。所以，我們看到一些人平時好像沒有什麼問題似的；一旦缺口打開了，很多問題就會冒出來。

從身心和合的角度來看，一個人的心靈空間會影響、甚至決定他的色身結構。佛教在解釋生命形體時，就有善道和惡道的說法。造惡業的人，其色身結構一定與他的業報相同，也與他的心靈空間相同層次；造善業也是如此，必然會招感一個比較細的色身，也會有一個比較高的心靈層次。所以談到四禪時，自然會談到色界的四禪天，四空定必然會與無色界天相應。即如果在證得四禪的當下就結束了這一期的生命，下一期生命所安住的空間便是四禪天。

在五趣（地獄、餓鬼、畜生、人、天）當中，人的果報是屬於中等的半苦半樂狀況，所以人的意識非常敏銳，也非常活躍。比人的生存環境更為理想的，稱為天。天人的果報、福報比人好，即物質生活比人好，他們的色身也比較細，所以在感官上可以享受到更微妙的覺受。天人是以善法為依，心靈空間相對地比較深細。但是，深細的心靈並不一定是清淨心。這些都是屬於色身方面的福報或善心道。

如果我們比較注重心的調和，一旦進入禪定中，心必然會調得比較細。依此細心進入另一期生命時，就會依住在那個層次的空間。當然，也有一些人認為如果打坐時就能夠進入初禪以上的定境，當下所安住的空間便等同所進入的定境。比如你已經進入四禪的定境，你的心靈空間所安住的就是四禪天了。

四禪天是一個空間的結構，與人的身心結構有關係，也與心的境界有關係，這和「一切唯心造」的觀念相似。當你進入某一種禪定時，你眼前所顯現的應該就是那個層次的定境。如果安住在四禪定，所得到的勝果就是四禪天的果報了。四禪天的果報，在感官上的享受以及色法的結構，都比人間微妙得多；安住在四禪天，能夠覺受到更深細的禪悅。

經典中對四禪天和無色界天有非常具體的描述，但有時談得比較唯心，沒有刻意強調一定要有這個實際空間的存在，而是當心靈安住在那個空間的當下，禪修者的心就等同是那個時空的顯現了。對惡道的描述也有類同的情況，當我們造作了一些惡法，一旦煩惱顯現，當下的心就住在那個惡道了。

不管經典如何描述善道、惡道，我們可以明確地知道：生命的境界是可以有不同的，我們可以通過修行，契入一些比較高深的境界。如果沒有修行，任由業報造作，我們很可能會得到比較惡劣的果報。

看清自我，勘破自我

一些禪修系統認為，要證到初果並不是很困難的事。不過，依據經典的描述，要證到初果其實是非常不容易的，因為必須破除「我見」；要破「我見」，不是容易的事。在修學的過程裡，當我們不斷地往內探索，就會感知到「我執」，即「我見」和「常見」是非常深細，牢牢地盤根在內心裡面，是不容易斷除的。我們可以從夢境看到這種情況，夢境裡面所出現的景象一直在變，但不管怎麼變，夢境的主角一定是自己，也就是做夢的人。這種深細的執著，即是唯識學中的末那識，與四無記根相應，所以有很強烈的我執作用。

我們也可以從修定的過程中發現，不管進入怎樣深細的定境，仍然還有一個很深細的主體存在。當我們突然遭遇一些危險的事件時，這種情況尤其明顯，我們的反應一定是先想到這個個體的生存需要、安全感。這是很正常的現象，因為我們都還是凡夫。

破了我見，即是「無我」了。很多人就以為，修行一定要馬上把「無我」顯現出來，也不管自己有沒有這個能力，便硬生生地將很多東西都捨掉，最後弄得自己慘兮兮的！實際上無我是不能夠用這種方式來顯現的。在破除「我見」之前，一定要先了解這個「自我」。你連對自己最根本的認識都不清楚，你要「無」掉哪個東西呢？你要把哪個東西捨掉呢？很多人在修學上都忘失了這個階段，才開始修行就要「無我」，將生活中的很多東西捨掉。但是給了以後，心裡卻很難過、捨不得，這種情況反而造成對「我」的執著愈來愈深。

佛法將「我見」、「我愛」、「我慢」、「我癡」，分析得非常清楚。如果我們對這些都不了解，要破什麼東西呢？又要破什麼煩惱呢？在現實生活中，這個「我」是存在的。當我們用功至深細的內心裡面，會感覺到、甚至把這個「我」看得很清楚。修行，就是要先將「我」看清楚，再進而去看透它！

佛法所談的「無我」，是沒有恆常性、沒有獨存性，也沒有實體性的。對生命自體而言，因為沒有恆常性、沒有獨存性、沒有實體性，所以生命只是不斷流變的一種心法和色法結合的現象。明白了這個情況，你對身心和合的結構的執著自然就會放下；一旦放下了，你對種種現象所做出的反應，便不會留下後續的力量，也就「不受後有」。

佛陀為了讓我們明白這些情況，在意境法裡先分析生命的結構、生命流轉的動力和過程。清楚了解這些現象，才能夠從中釐出「無我」的觀念，也才能夠去破這個「我」。很多人在修學上還沒有具備這些知見，就急著要破這個「我」，結果不管怎麼破，都無法破除。為什麼呢？因為不知道要破的是什麼？你不知道這個「自我」在哪裡，怎樣去破除它呢？

若能徹底了解這個「我」，了解「我見」、「我執」，也就了解無明、愛染的中心所在。其實我們不用去破除它，只要懂得轉化它；一旦轉化了，煩惱即菩提。我們就不再染著這個身心個體，便可以依它來修行。所以，不要一開始修行就想要把很多東西都捨掉，而要先看清楚自己的人格，比如個性、優缺點等；然後建立一個比較完整的人格，依它來修行、行善，再慢慢地深入止觀法門的修學。

如果一開始修學就先否定這個「我」，或沒有看清楚這個「我」，沒有一個中心點做為依據，在生活中就會把自己分割成很多部分。有時表現得很有修養，但是一關起房門，就知道自己沒有修養！有些情緒也沒有辦法適當地表達出來，最後很可能會造成人格分裂。

我們先不要講各別的人格問題，從共通性的角度來看，自己對這個五蘊和合的身心了解有多少？沒有把它看清楚，怎麼知道要放下什麼？又怎麼知道要轉化的作用在哪裡？所以在實際修行上，我們要從不同的角度去觀察，也要依深細的心去觀察，才能夠將這個「我見」看清楚，知道它才是生死流轉的中心。知道「我見」是什麼，也知道所執著的真正的自體是什麼，我們才有辦法清理或轉化它，即唯識學所稱的「轉依」。

喚醒內心覺性

一旦真正破了我見，即能夠看出所執著的自體是因緣和合的、是無自性的，生死也就解脫了。因為所有的作為已經沒有一個中心可以黏附了，即表示造作的力量合乎法性的運作，就「不受後有」，當然也就能夠從種種的苦惱、束縛中超脫出來了。

但是，以往所累積的一些業，它們的力量可能還會延續下去。不管這個業的力量有多大，至多只需要七次往返生死，就能夠證得解脫了。如果加緊用功，很可能在這一期的生命裡，或是幾個月、甚至幾個星期的時間，便能夠把所有依附在這個「我」而有的種種煩惱（重煩惱或輕煩惱）都一一清理掉，證得個人解脫的勝果了。

有些人認為初果容易證得，四果很難證得。從修證的角度來看，不可能初果容易、四果難，應該是初果最難證得。因為證初果是一個質變的過程，從量變轉到質變；量變是比較容易的，質變卻是極困難的！因為質變是一種等質的調整，必須先經歷量變到某一個程度（類似飽和）以後，才能夠產生質變。所以，質變是一個極大變化的過程。因此，要證得初果是非常不容易的。一旦進入初果，再往上提昇，就是量變的過程，這時就不會太困難了。如果能夠證得初果，所有的問題——生死流轉的過程便已告一個段落，生命的意義達到了某種程度的完成。

初期大乘佛教講菩薩道的修持有十地，到了後期結集的經典，則講到菩薩有五十二個階位的修持過程，但菩薩道的修持中心點還是在十地。證入十地才是出世間的菩薩，十地以前的菩薩，不管做了多少功德，都還是與世間法相應，屬世間菩薩。為什麼到了初地以上的菩薩，即進入「地上」的菩薩，才是出世間菩薩呢？因為證入初地要破我見。所以能否出世間，關鍵在於破「我見」。

在修學菩薩道的過程，如果所作所行的一切不能夠破我見，那還是世間的菩薩；不管功德有多大，都還是屬於世間的功德。破了我見以後，就登入初地，也稱為歡喜地，猶如初得定而進入初禪一樣，非常歡喜；從歡喜地再提昇上去，境界就不會再退了。一般上修持世間善法，即未證入出世間之前的修持，所修得的境界是會退的；即使是修菩薩道，在未證入初地之前，也還是會退的，才有所謂的「敗壞菩薩」。證入初地或以上的菩薩，已是入聖位了；到了第八地——不動地，不僅境界不退，連「地」也不動，即智慧任運地增進，煩惱也不再起現行。證入八地的菩薩，可以和佛一樣分身到各處，甚至可以現佛身說法。

修持出世間的勝果，關鍵在於破我見；如果不能夠破我見，就不能夠證得「我空」，當然就不可能出世間了。所以，修持出世間法一定要證到初果或初地，才是屬於出世間的境界；依出世間的境界而修，才屬於出世間的勝果。證入初果直到四果，稱為解脫的果位；證入初地直到十地，稱為正覺或佛的涅槃——佛果。這些都是出世間的果位。

在修學的過程中，我們一定要依寂因作意而修，釐清對自我、我見、自體的觀念或知見；再依「我空」或「法空」的觀法來轉化，最後就可以證得出世間的果位，得出世間的果報。

在眾多的禪法修學裡面，一定是從正見開始修習，最後所證得的一定也是這個正見。八正道中的正定，它所證得的就是正見所建立的知見。所以，整個修學過程就連貫起來了，從「意樂門」到「得果門」也就貫通了。

我把這個過程做一個比較簡單的說法。佛是覺悟的意思，在還沒有遇到一些因緣讓我們能夠明白生命的意義之前，我們不懂得修學佛法來達到提昇、淨化的效果，但這並不表示我們內在的覺性或佛性就不存在。依心性或佛性的角度來看，每一個人的內心都有覺性；聽聞佛法，能把它喚醒。修學的過程，就是覺的行持；到最後證果時，便是覺的完成。從一開始接觸佛法，到最後證得果位、果報的修學過程，即是覺的歷程。所以修學佛法，實是修學覺悟的歷程。

（一九九八年講於馬來西亞佛學院「第五屆僧伽講習營」。筆錄：釋通明、釋普文、張文健、蘇文吉、陳涌均、楊桂芳、邱玉琴，潤筆：林素芬）

〔附錄一〕《六門教授習定論》簡表

■《瑜伽論》四處七支　・七支　・四處

■《六門教授習定論》六門　・六門

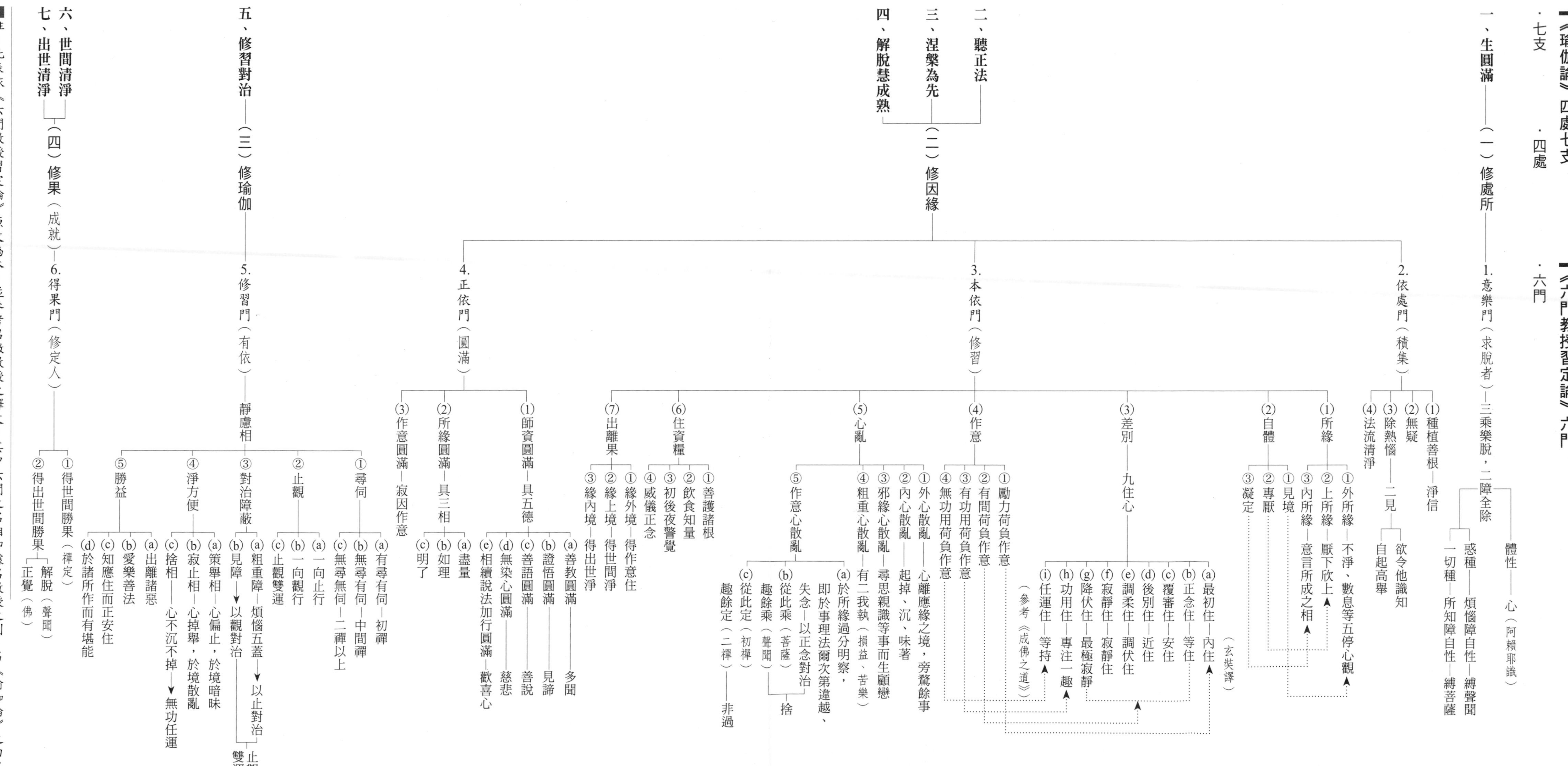

■註：此表依《六門教授習定論》原文為本，並參考呂澂教授之釋文，其中六門之名相即據呂教授之判，另《瑜伽論》之四處七支亦出自釋文，一併列之參考。

〔附錄二〕

六門教授習定論

無著菩薩本　世親菩薩釋
大唐三藏法師義淨奉　制譯

今欲利益一切有情令習世定及出世定速能捨離諸煩惱故。述此方便。頌曰。

求脫者積集　於住勤修習
得三圓滿已　有依修定人

釋曰。此初一頌總標六門。言求脫者。謂是求解脫人。積集者。謂能積集勝行資糧。於住勤修習者。於所緣處令心善住。名之為定。由不散亂不動搖故。問云何修習。謂得三圓滿已有依修定人。圓滿有三。一師資圓滿。二所緣圓滿。三作意圓滿。有依謂是三定。一有尋有伺定。二無尋唯伺定。三無尋無伺定。修定人者。謂能修習奢摩他毘鉢舍那。若人能於解脫起願樂心。復曾積集解脫資糧心依於定有師資等三而為依止有依修習。由習定故能獲世間諸福及以殊勝圓滿之果先作如是安立次第。故名總標。頌曰。

於三乘樂脫　名求解脫人
二種障全除　斯名為解脫
應知執受識　是二障體性
惑種一切種　由能縛二人
已除煩惱障　習氣未蠲除
此謂聲聞乘　餘唯佛能斷
若彼惑雖無　作儀如有惑
是習氣前生　若除便異此

釋曰。此之四頌釋求解脫者。謂於聲聞乘等有差別故。於三乘中心樂解脫。名求解脫。云何解脫。二種障全除。斯名為解脫。何者是二障。除之名脫。應知執受識是二障體性。識者即是阿賴耶識。執受者是依止義。謂是煩惱所知二障體性。此復云何。惑種即是煩惱障自性。一切種即是所知障自性。又一切種者。即是二障種子能縛二人。煩惱障種子能縛聲聞。一切種子能縛菩薩。由與聲聞菩薩為繫縛故。云何此二解脫差別。謂聲聞人。習氣未除。斷煩惱障而證解脫唯佛世尊能總除故。云何習氣。彼惑雖無所作形儀如有惑者是名習氣。此中應言。若惑雖無令彼作相如有惑者。此言作儀如有惑者。即是於因說果名故。彼謂聲聞獨覺未知。此是誰之習氣。謂是前生所有串習之事。尚有餘氣。今雖惑盡所為相狀似染形儀。名為習氣。若能除斷與此不同。應云若彼習皆無不作儀如惑。頌曰。

種植諸善根　無疑除熱惱
於法流清淨　是名為積集
能持樂聽法　善除其二見
但聞心喜足　是四事應知

釋曰。此之二頌釋積集義。如經中說。此人先應修習多聞復聽正法。諸見熱惱已正蠲除。心之蓋纏能正降伏。依此文義故說初頌。云何積集所有善根。謂能持正法故。以此為先。令其信等善法增故。云何無疑。謂樂聽法故。由知法故已生未生所有疑惑悉能除滅。云何除熱惱。謂除二見故。二見云何。一者欲令他識知見。二者自起高舉見。謂作是念。如何令他得知。我是具德之人。是則名為令他識見。依此見故自欲高舉。名自高見。此二能令心焦熱故。名為熱惱。云何法流清淨。謂能除遣但聞法時心生喜足故。上之除字流入於此。於法流清淨者。謂聽法時心無散亂相續而流。心清淨故蓋纏止息。若聽法無厭。更能進思勤修不息。方得名為法流清淨。當知此據聞思修位。如次應知。

次有十六頌。釋於住勤修習。初一總標餘是別釋。頌曰。

所緣及自體　差別并作意
心亂住資糧　修定出離果

言所緣者。有其三種。

外上及以內　此三所緣生
應知住有三　自體心無亂

釋曰。言三種者。一外緣。二上緣。三內緣。外緣謂白骨等觀所現影像。是初學境界。上緣謂未至定緣靜等相。內緣謂從其意言所現之相為所緣境。自體謂是心無亂相。名之為住。心無亂者。於外等處三種緣時。隨其所緣心無動亂。頌曰。

第一住相應　定心者能見
於境無移念　相續是明人
第二住相應　厭離心寂靜
專意無移念　相續是明人
第三住相應　於前境凝住
定意無移念　相續是明人

釋曰。此之三頌如其次第配外上內。言於境無移念者。謂於餘境心無散亂。故名無移。相續者。堅守持心令不斷絕。言明人者。或因自思。或從他教。於靜慮法而起加行。是謂明人。應知如次是隨法行及隨信行種性。言厭離心寂靜專意無移念者。謂於其境生厭離心。前唯觀境未能生厭。今時專注心生厭離而不散動。於前境凝住者。謂於意言所現之境緣此境時其心凝定。故云定意無移念相續是明人。頌曰。

堅執及正流　并覆審其意
轉得心歡喜　對治品生時
惑生能息除　加行常無間

能行任運道　不散九應知

釋曰。於彼住中。差別有九。謂最初住。正念住。覆審住。後別住。調柔住。寂靜住。降伏住。功用住。任運住。

此等並依阿笈摩經。隨句次第而為修習。若於最初學緣境時。其心堅執名最初住。次於後時令其正念流注不斷。名正念住。若依託此有亂心生。更覆審察緣境而住。名為覆審住。次於後時轉得差別。名後別住。次於後時對治生起心得自在生歡喜時。名調柔住。於此喜愛以無愛心對治生時。無所愛樂其心安靜。名寂靜住。次於後時所有已生未生重障煩惱為降伏故。名降伏住。次於後時以加行心於所緣境無間隨轉一緣而住。名為功用住。次於後時於所緣境心無加行任運隨流無間入定緣串習道。名任運住。此之九種心不流散。名之為住。應知以此不散之言。與堅執等皆相配屬。頌曰。

勵力并有隙　有用及無用
此中一六二　四作意應知
謂外內邪緣　麁重并作意
此亂心有五　與定者相違

於彼住心緣　不靜外散亂
掉沉心味著　內散亂應知
應識邪緣相　謂思親族等
生二種我執　是名麁重亂
見前境分明　分別觀其相
是作意散亂　異斯唯念心
於作意亂中　復有其亂相
於乘及靜慮　初二應除遣

釋曰。應知作意。有其四種。一勵力荷負作意。二有間荷負作意。三有功用荷負作意。四無功用荷負作意。此中堅執不散。是勵力荷負作意。初用功力而荷負故。次正流等六種不散。是有間荷負作意。中間數有亂心起故。無間加行。是有功用行荷負作意。入串習道。是無功用行荷負作意。如是攝已謂一六二。應知即是四種作意。又心散亂。有其五種。一外心散亂。二內心散亂。三邪緣心散亂。四麁重心散亂。五作意心散亂。外心散亂者。於住心境起緣之時。遂緣餘事心流散故。內心散亂者。謂掉舉等三於所緣境中間亂起故。邪緣散亂者。於修定時諸有尋求。親識等事而生顧戀。麁重心散亂者。

有二我執令其心亂。於修定時有此二事。謂益及損。若身安隱名之為益。身體羸弱即是其損。或云我今得樂。或云我今有苦。或云是我之樂。或云是我之苦。此中我者。是執取義。言作意心散亂者。有其三種。於所緣相分明而住。是思察性。或從此乘更趣餘乘。或從此定更趣餘定。謂極分別思察定時。遂使心亂名心散亂。異斯唯念心者。此能對治初作意散亂。由不分別而緣於境。但有念心。此明成就心不忘念。此三散亂。初二應捨。第三由是從定趣定。希勝上故亦非是過。頌曰。

住戒戒清淨　是資糧住處
善護諸根等　四淨因應知
正行於境界　與所依相扶
於善事勤修　能除諸過失
最初得作意　次得世間淨
更增出世住　三定招三界

釋曰。住資糧者。謂戒即是無邊功德所依止處。必先住戒。戒行清淨無有缺犯。若求戒淨有四種因。一善護諸根。二飲食知量。三初夜後夜能自警覺與定相應。四於四威儀中正念而住。何故善護諸根等令戒清淨。由正行於境與所依相扶。善事勤修能除於過。初因即是於所行境行清淨故。二於所依身共相扶順。於受飲食離多少故。三於善事發起精勤故。四能除過失。進止威儀善用心故。由此四因戒得清淨。如是應知。由三種定得三出離。緣外境時得作意住。緣上境時得世清淨。緣內心時得出世淨。住者即是永得出離。必趣涅槃更不退轉。已釋於住勤修習。頌曰。

多聞及見諦　善說有慈悲
常生歡喜心　此人堪教定
盡其所有事　如所有而說
善解所知境　斯名善教人
由聞生意言　說為寂滅因
名寂因作意　是謂善圓滿

釋曰。圓滿有三。一師資圓滿。二所緣圓滿。三作意圓滿。此中初頌說師資圓滿。意顯其人善教圓滿。證悟圓滿。善語圓滿。無染心圓滿。相續說法加行圓滿。此顯教授師眾德圓滿。由此師故得聞正法有所證悟。次明所緣圓滿說第二頌。盡所有事如事而說。善所知境名為善說。此明師資能說諸事窮盡無悋。故名所緣圓滿。次明作意圓滿說第三頌。此顯以聞為因所起意言能與聖道涅槃為正因故。緣此意言所有作意皆得圓滿。此中因言顯聞。即是意言之因。言寂滅者。即是涅槃及以道諦。自體寂滅及能趣滅故。總言之寂因作意者。明此作意緣寂滅因。何謂所緣了法無性。如是緣時即是其因亦是寂滅故。此作意名為寂因。是一體釋。又緣此作意亦名寂因。此別句釋。頌曰（准如是釋應云寂因作意舊云如理作意者非正翻也）。

謂尋求意言　此後應細察
意言無即定　靜慮相有三
無異緣無相　心緣字而住
此是心寂處　說名奢摩他
觀彼種種境　名毘鉢舍那
復是一瑜伽　名一二分定
麁重障見障　應知二種定
能為此對治　作長善方便

釋曰。次明有依諸修定者。必有依託。謂依三定說尋求等。言尋求者。顯是有尋。既言有尋。准知有伺。言細察者。顯無尋唯伺意言無者。欲顯無尋無伺。尋伺皆以意言為性。此據奢摩他法明其定義。說無異緣等。此明無差異義。但緣其字而心得住。名無異緣。亦名無相。但緣其字於觀義相所有作意非彼相故。此住名奢摩他。奢摩是寂止義。他是處義。非獨奢摩得盡於事。謂據其心寂止之處。心得凝住依止於定。此定即是凝心住處。故名奢摩他。異此便無。次據毘鉢舍那法明其定義說次一頌。謂依多境名為眾觀。所言彼者。謂與彼二俱相屬著。即奢摩他及所緣字。是依奢摩他得毘鉢舍那依於字處。所有諸義起諸觀故。於寂止處所有眾義依仗於字。謂緣眾義。而起觀察名為眾觀。名一二分定者。或時但有寂處而無眾觀。或有眾觀而非寂處。或時俱有應知即是止觀雙運。又奢摩他毘鉢舍那有二種障。謂麁重障及見障。應知二定是此對治。如次應配。何故此二名長善方便。能長善法之方便故。云何令方便法得善清淨耶。頌曰。

此清淨應知　謂修三種相
寂止策舉捨　隨次第應知
若心沉恐沒　於妙事起緣
若掉恐舉生　厭背令除滅

遠離於沉掉　其心住於捨
無功任運流　恆修三種相
定者修三相　不獨偏修一
為遮沉等失　復為淨其心

釋曰。為答前問。求淨定者修三種相。云何為三。謂止舉捨。復云何修。隨次第應知。隨其惑障生起之時。應次修習。在於何時復修何相。且辯策舉相。若心沉恐沒定者修三相。如下當知。若心沉沒可修策舉相。何者是耶。於妙事起緣令心喜為相。又寂止相者。若心掉舉。或恐掉舉。應修寂處。此云何修厭背令除滅。於所緣境極生厭惡。於自內心令過止息。捨相者。謂離沉掉。於何心中。謂心住捨。此捨相者。即是無功任運流恆修三種相。如是次第修三相時。諸習定者得清淨相。又奢摩他等即是定者。於此三相不獨修一。何以故。為遮沉等失。復為淨其心。若但修止內心沉沒。既沉沒時便應策舉。若因策舉心掉散者。觀不淨境令生厭離。於此捨相正修習時。名為正定能盡有漏。由此遂令心極清淨。應知此中皆是隨順正經文句。如理應思。頌曰。

出離并愛樂　正住有堪能

此障惑皆除　定者心清淨

釋曰。此明清淨之益。依去塵經說。佛告諸苾芻。若人欲求內心淨。時有惑障現前不能除滅。欲斷除者。先於不善業道。勿造大過息罪惡見。而求出家希求出離。若處中煩惱欲瞋害意。起惡尋思障勝愛樂。能除此障說愛樂言。若有微細眷屬尋思世間尋思不死尋思障其正住。對治此故說正住言。若有功用方入定者。此定即非堪任之性。若能除此顯有堪任。能除於惑說堪能言。此顯淨定之人得四種勝益。云何修定人果。頌曰。

於此定門中　所說正修習
俗定皆明了　亦知出世定

此頌意顯修習奢摩他毘鉢舍那者獲現果故。若人能依所說定相修習之時。得諸世間勝果圓滿及出世果。如前已說。

問曰。如上所說欲明何事。答曰。

顯意樂依處　本依及正依

世間定圓滿　并了於出世

釋曰。略說義周。為會前事故說斯頌。如最初云。求脫者為顯意樂圓滿。積集者依處圓滿。此明有心修定必須依託積集資糧故。於住勤修習者。顯本依圓滿。如經中說。佛告諸苾芻。汝等先當依定能盡有漏。是我所說。若欲求出生死海者。離於正定無別方便。得三圓滿者。顯正依圓滿。明師資承稟決定可依。有依修定人者。此顯修習圓滿。諸有智者如前所說。遠離放逸正修行時。世間諸定悉皆圓滿。及出世間咸能證悟。顯得果圓滿。

智慧人 17

禪修指要——六門教授習定論講錄

Essentials of Chan Meditation Practice:
Lectures on the "Six-Gate Teachings on Meditation Practice Treatise"

著者	釋繼程
出版	法鼓文化
總監	釋果賢
總編輯	陳重光
編輯	張晴、李金瑛
封面設計	小山絵
內頁美編	連紫吟、曹任華
地址	臺北市北投區公館路186號5樓
電話	(02)2893-4646
傳真	(02)2896-0731
網址	http://www.ddc.com.tw
E-mail	market@ddc.com.tw
讀者服務專線	(02)2896-1600
初版一刷	2012年4月
初版四刷	2022年10月
建議售價	新臺幣260元
郵撥帳號	50013371
戶名	財團法人法鼓山文教基金會—法鼓文化
北美經銷處	紐約東初禪寺 Chan Meditation Center (New York, USA) Tel: (718)592-6593 E-mail: chancenter@gmail.com

法鼓文化

國家圖書館出版品預行編目資料

禪修指要：六門教授習定論講錄 ／ 釋繼程著. -- 初版.
-- 臺北市：法鼓文化, 2012. 04
面 ； 公分
ISBN 978-957-598-583-7（平裝）

1. 佛教修持 2. 禪定

225.72 101003543